ちくま新書

大坂 民衆の近世史

——老いと病・生業・下層社会

塚田 孝
Tsukada Takashi

大坂　民衆の近世史——老いと病・生業・下層社会【目次】

序章

名もなき人びとの歴史へ

†叙勲と褒章

一年に二回、春（四月二九日）と秋（一一月三日）に公表される叙勲と褒章は、例年その時期のテレビや新聞をにぎわせる。毎回、四〇〇〇人余が勲章を受け、七〇〇〜八〇〇人ほどが褒章を受けている。全国規模のマスコミで取り上げられるのは、多くは著名な政治家や経営者、文化人などである。しかし、地方版の記事や番組などでは、市井に生きる人たちの受章例もよく目にする。

たとえば、「黄綬褒章」（褒章の一類型）は、「農業、商業、工業等の業務に精励し、他の模範となるような技術や事績を有する方」を対象としている。だから、その道一筋何十年などと紹介される人を目にすることも少なくない。必ずしも著名人ばかりが受章しているというわけではない。

こうした叙勲や褒章について、いろいろと見聞きする機会は多い。しかし、それがどのような根拠に基づいているか知る人は、少ないであろう。現在の叙勲は、制度変更を経ながらも、一八七五（明治八）年の勲章条例が現在に至るまで、その根拠となっている。また褒章も、改正はされているが、一八七九（明治一二）年の褒章条例が根拠となっている。

このように現在の叙勲も褒章も、明治初期の制度がベースとなっている。このうち勲章は幕末から明治初期に西洋の制度を導入してできたものである。しかし褒章については、実は明治初年に始まるということではなく、江戸時代のさまざまな褒賞（記章〔メダル〕の授与を伴う「褒章」と区別して、褒章条例以前のものを「褒賞」と表記する）とのつながりを考えなければならない。

孝女こうの褒賞

江戸時代には、さまざまな褒賞が行われていたが、本書では、当時の人びとの生活を知るために、親孝行な子供に対する褒賞（孝子褒賞）と奉公先の主人に誠実に仕えた者に対する褒賞（忠勤褒賞）について、大坂の例を中心に取り上げたい。まずはイメージをつかんでいただくために、一つ例を紹介しよう。寛政二（一七九〇）年正月一八日に大坂市中に出された、次の通達書を読んでほしい。現代語訳で載せる（以下、前後がかな等読みにくい人名には傍点を付す）。

口達書

南問屋町の荒物屋甚兵衛の借屋に住んでいる大和屋卯兵衛の養女であるこうは、養父の卯兵衛の病死後、養母のさわと一緒に燈心作り職を生業としていた。二年前の一三歳の時、母も病気で臥せったが、幼年の時から世話になった恩義を忘れず、わずかながらの手仕事で生活を維持し、母を大切に介抱・看病して不自由な思いをさせなかった。さらに母が臨終の際に、燈心作りの家職を続けてほしいと遺言した心中を思い、そうすると約束した。それを聞いた母の喜んだ様子を今も忘れがたく、遺言を固く守っている。そして他人の世話にならず、自分で家職に精を出し、わずかの儲けでもって家賃や買い物の支払いも滞らせることなく家計を賄っている。去年母の一周忌の際も、志の品を各所に配り、命日の前夜には近所の者を招いて回向《えこう》を行い、当日は菩提《ぼだい》寺《じ》へ斎米《ときまい》などを持参し、追善の法事を行ったことは、幼少の女子にしては奇特の行いである。それ故、今回江戸からのご下知を受けて、ご褒美として白銀二〇枚を下し置かれる。

右の趣を町中の末端まで申し伝えるように。

これは、南問屋町の借屋で燈心（行灯の芯）作りを生業としていた大和屋卯兵衛の養女のこうが養父死後も養母を助けて孝養を尽くし、病気となった養母を看病し、さらにその一周忌に手厚く回向した行いを奇特として褒美が下されたのである。こうは二年前に一三歳とあるので、褒賞された寛政二年には一五歳である。いまだ年若いこうが家職にいそしみ、母の看病や手厚い供養に努める姿は、健気という他ないであろう。

後述するが、老中松平定信が主導した寛政改革において、こうした親孝行な子供に対する褒賞が全国的に行われるようになった。大坂においては天明五（一七八五）年に大和屋熊次郎と弟馬之助の褒賞が市中に通達されているが、このこうの褒賞が寛政改革によって推進された褒賞としては最初のケースであった。

この褒賞の二ヶ月後、大坂と京都の書肆から豹山逸人なる者が書いた『燈心屋孝女伝』（内題「南問屋町孝子幸女行実」）が出版された（図0－1）。「ことし寛政弐年春正月、摂州西成郡大坂嶋之内南問屋町大和屋卯兵衛養女お幸《こう》、いまだ幼少にして孝行の聞ありて、上より御褒美を賜りし事を委しく尋るに」と書き出し、こうの実父（天王寺村鍛冶屋某）が生後すぐ母を離別し、さらに父も五歳の時に病死したこと、西高津《にしこうづ》町の従妹河内屋某のところで育てられていたところ、大和屋卯兵衛に見初められ一一歳の時養女となったことなどが記されている。その後のことは、先ほど引用した褒賞理由書の事歴が詳細に記されるともに、この褒賞を伝える「御町触」を受けて、評判となり「燈心を買求る人孝女が門に市をなし」（燈心を買おうとする人が、孝女こうの家の門口に大勢集まり）ている様子で結ばれている。

幼いこうの孝行は人びとの評判を呼び、出版までされたのである。おそらくこの書物を通してさらに評判となったであろう。

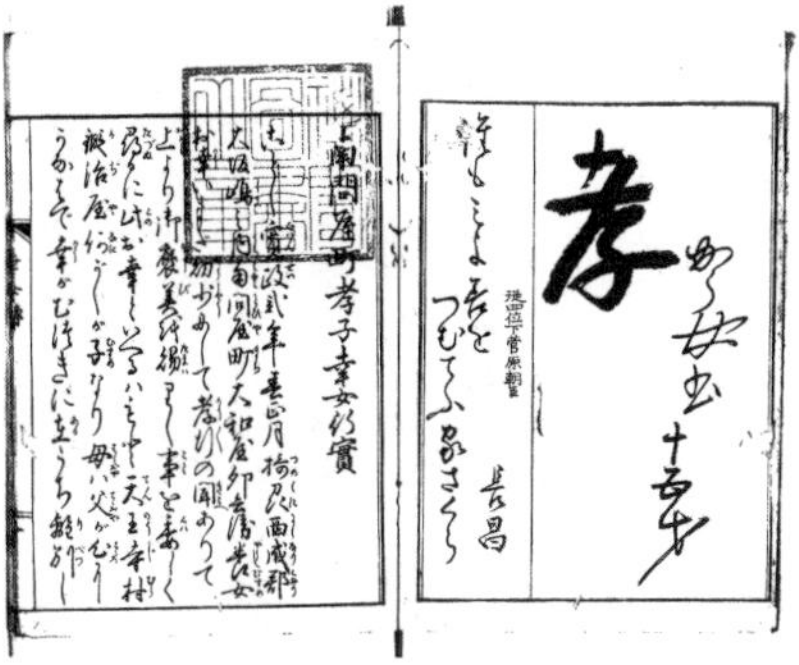

図０－１　燈心屋孝女伝（国立公文書館蔵）

こうした孝行者についての出版は、天明五年の大和屋熊次郎・馬之助兄弟の事例や、このこうの事例に続く寛政年間で数件見られた。このことから、町奉行所からの褒賞が市中で評判になっていたことがうかがえる。

出版されてはいないが、その後も大坂では、幕末まで数百件の孝子褒賞・忠勤褒賞が行われ、市中に通達されている。そこには詳しい理由が書かれている事例が多数あり、そこから都市民衆の暮らしの様相をうかがうことができる。

†褒賞を探る、褒賞から探る

本書では、第一に寛政改革を契機にそれ以後広く行われるようになる孝子褒賞・忠勤褒賞について、大坂における展開を具体的に見ていきたい（褒賞を探る）。まずは褒賞制度の開始、その条件とパターンを見ることを通して、江戸時代の褒賞の持つ意味を考える。さらに、それが先に触れた明治初期の制度化の中に吸収されていくことを確認する。もちろん長い時代の流れの中で褒賞・褒章の持つ意味は大きく転換してきたが、それは、現在の褒章の起源になっている。そこまでの流れ（特に明治初年の制度化）を見るとともに、大きな相違点をも見定めたい。

第二には、そうした孝子褒賞・忠勤褒賞の展開を踏まえて、これらの褒賞の通達に付された理由書から、都市大坂に生きた人びとの暮らしの様子をうかがうことをめざしたい（褒賞から探る）。江戸時代の褒賞について深く理解するためには、地域の実態に即して考える必要がある。それ故、本書では江戸と並ぶ巨大都市大坂の事例に即して見ていくこととする。これは、褒賞の事例を通して大坂の都市社会のあり方を掘り下げることにつながるであろう。

以上の二つの課題を実現するため、本書では、以下のような順序で考察を進めていくことする。第一部（第一・二章）では、褒賞事例が展開する舞台としての都市大坂について、まず都市の空間的な形を説明し、その後、住民組織の基礎単位である「町」を中心に社会組織について述べる。

第二部（第三～六章）では、まず寛政改革をきっかけに広がる褒賞の大坂における全体的な展開を跡づけ、その上で、孝子褒賞と忠勤褒賞に分けて、そのパターンと条件について整理する。さらに、そこから都市下層民衆の全般的な状況――病気や高齢化、火事の被災などで容易に過酷で不安定な生活に陥る状況――をうかがう。

第三部（第七～一〇章）では、そうした人びとのさまざまな生業（仕事）について見ていく。まず、最初に都市民衆の多様で雑多な生業（仕事）のあり様を確認し、いろいろな仕事を兼て働く姿（複合的な生業構造）を浮かび上がらせる。その上で、町の雇用する職業からその扶助的な側面について窺うとともに、複合的な生業構造について補足する。また仲間組織を形成している職種のいくつかを取り上げて、褒賞事例からうかがえる様子を見るとともに、そこからは見えない局面があることを指摘する。最後に遊女・茶立女と歌舞伎役者の褒賞事例を検討し、彼ら・彼女らの社会的位置づけを行う。

なお、第一〇章では、御池通五丁目の褒賞事例について、これまた褒賞の通達史料からは見えない状況を町の史料からうかがい、あわせて町の性格を補足する。

終章では、明治期に視野を拡げ、展望を試みる。まず、明治初年の大阪の褒賞事例を確認し、勲章・褒章の制度化と江戸時代の褒賞との関係に触れる。最後に、明治初期の東京の庶民の生活状況について樋口一葉の事例を参照し、江戸時代の大坂のそれとの共通性と差異に触れる。

†歴史と民衆を見る視点

本書では、以上のような順序で、大坂における孝子褒賞・忠勤褒賞の理由を伝える通達から、一八世紀末から幕末にかけての都市民衆の生活状況の復元を試みるが、そうした歴史における民衆を見る自分なりの視点にもあらかじめ触れておきたい。

本書での試みは、わたしがこれまで研究してきた大坂の都市社会史の一環をなしている。わたしは、都市社会を構成する多様な社会集団の内部構造を精緻に解明するとともに、それらの諸社会集団が相互にどのような関係を形成しているか（社会集団の「重層と複合」）という視点から都市社会の複合構造を把握することを進めてきた（塚田二〇〇〇・二〇一五）。

近年は、その上に立って、次の三つのレベルを弁別しながら、それを統一的に把握することで、近世身分社会を総体的に捉える視角を提起している。

①身分制イデオロギーレベル

（現実的な社会関係を欠いた、外部からの視線、社会的通念）

②集団構造レベル

（集団の内部構造と論理、集団内外の現実的社会関係、諸社会集団の重層と複合）

③個人のライフヒストリーレベル

（個人の意思と偶然に左右される幸せと不幸、流動と定着、生業と生活諸関係）

もちろん②集団構造レベルを基軸とすることで、統一的に捉えることが可能になると考えているが、③個人のライフヒストリーレベルを独自に捉える方法を考える必要があることは言うまでもない。特に史料が乏しい都市下層民衆について、個人のライフヒストリーレベルをどう捉えるかということを考えた時、孝子褒賞・忠勤褒賞関係の史料は格好の手掛りを与えてくれるのである。

このような《歴史と民衆を見る視点》を実現するためにも、これまでも取り組んできた諸社会集団の「重層と複合」という視点から都市社会の複合構造を把握する方法は最も有効なものと考えているが、それでは捉えきれない部分も残される。それ故、本書では、都市社会構造についての理解を前提として、個人に焦点を合わせていくこととする。

†名もなき人びとの歴史へ

本書で取り上げるような人びとは、通常イメージされる「歴史」に名を残すような存在ではない。そして、わたしを含めて、本書を読まれている方がたもほとんどは「歴史」に名を残すことはないであろう。競争と格差、情報化と管理社会化、世界に広がる紛争と分断、こうした生きにくさが広がった現代において、多くの人が居場所を失い、自分の生きている、そして生きた意味を感じとるのが難しくなっているのではなかろうか。そうであるが故に、わたし自身が、自分の生きている意味を確認したいという欲求は抑えがたいのである。

本書で試みる都市民衆の生活状況の復元は、過去の名もなき人びとの生きた意味を歴史のなかに掬い上げようとする営みであると考えている。そして、歴史において過去の民衆の生きた意味を確認することは、現在を生きているわたし自身の生きる意味の自己確認なのである。自分の生きた意味を見失いかねない困難な時代状況のなかで、多くの人たちとこうした歴史への向かい方を共有できれば幸いである。

ではさっそく、江戸時代の大坂の都市社会のなかに分け入っていこう。

第一部　巨大都市 大坂
——社会と空間

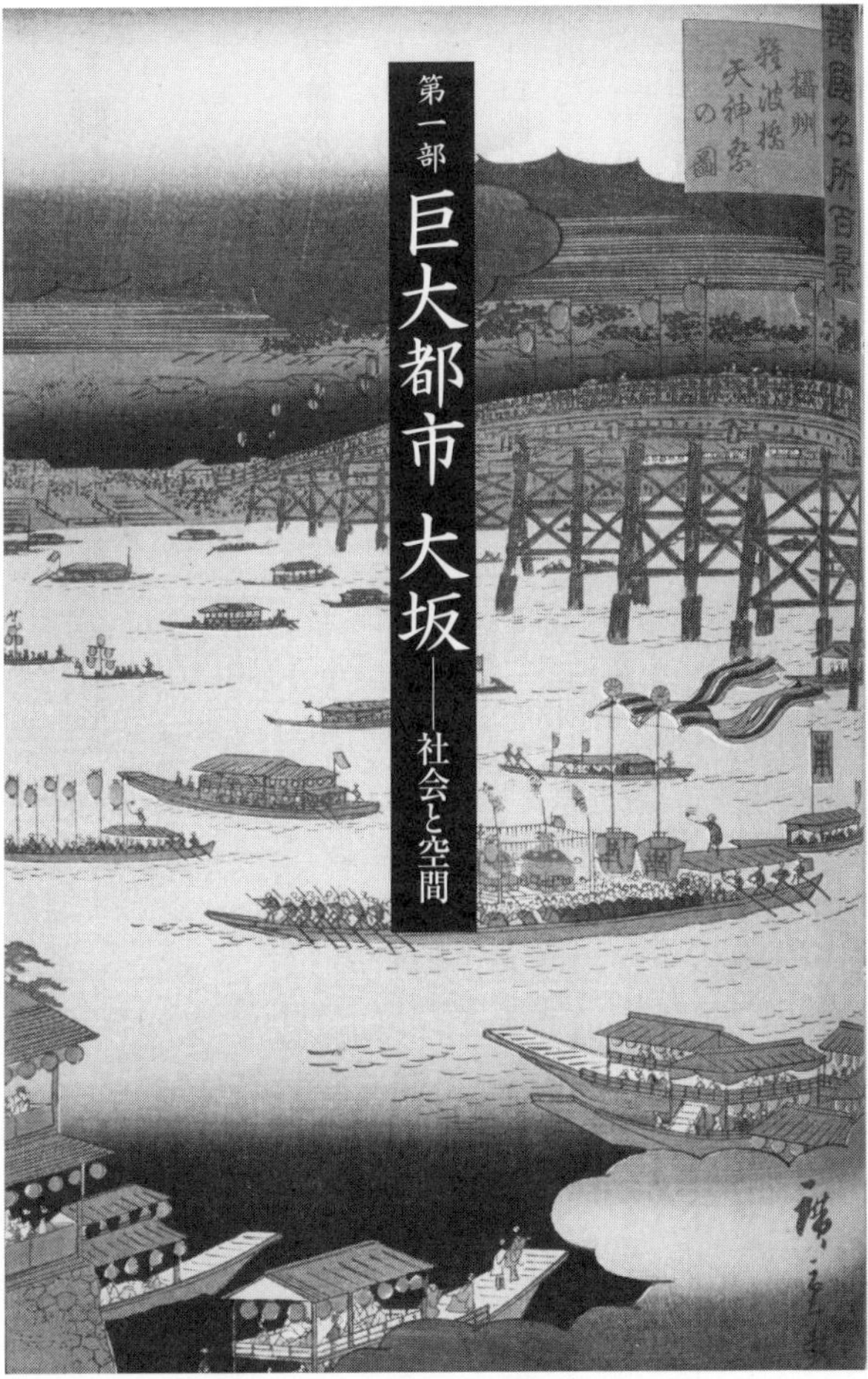

歌川広重「諸国名所百景　摂州難波橋天神祭の図」(国立国会図書館蔵)

第一章　舞台としての大坂——都市空間の形成

†江戸時代の大坂の範囲

本書では、江戸時代後期の大坂に生きた人びとの暮らしの様子を紹介していく。まずこの章では、舞台となる大坂の都市空間の成り立ちについて見ておこう。

江戸時代の都市域（大坂町奉行所が管轄した範囲）は、現在のＪＲ環状線内の北側ほぼ三分の二に相当する。都市大坂は一六三〇年頃までにほぼ形を整えたが、その様相がうかがえる一七世紀後期の絵図を見てみよう（図１－１）。

北側では、大川（淀川）北岸天満《てんま》地域に街区が見える。その北側に東西に寺院が横一列に並んでいる。その西に当たる現在の大阪駅の辺りには堂嶋《どうじま》の北に「そねさき村」と見え、そこは都市域外である。

東側は、大坂城の南に大きな区画（武家屋敷）が見え、その東縁に沿うように「ねこま

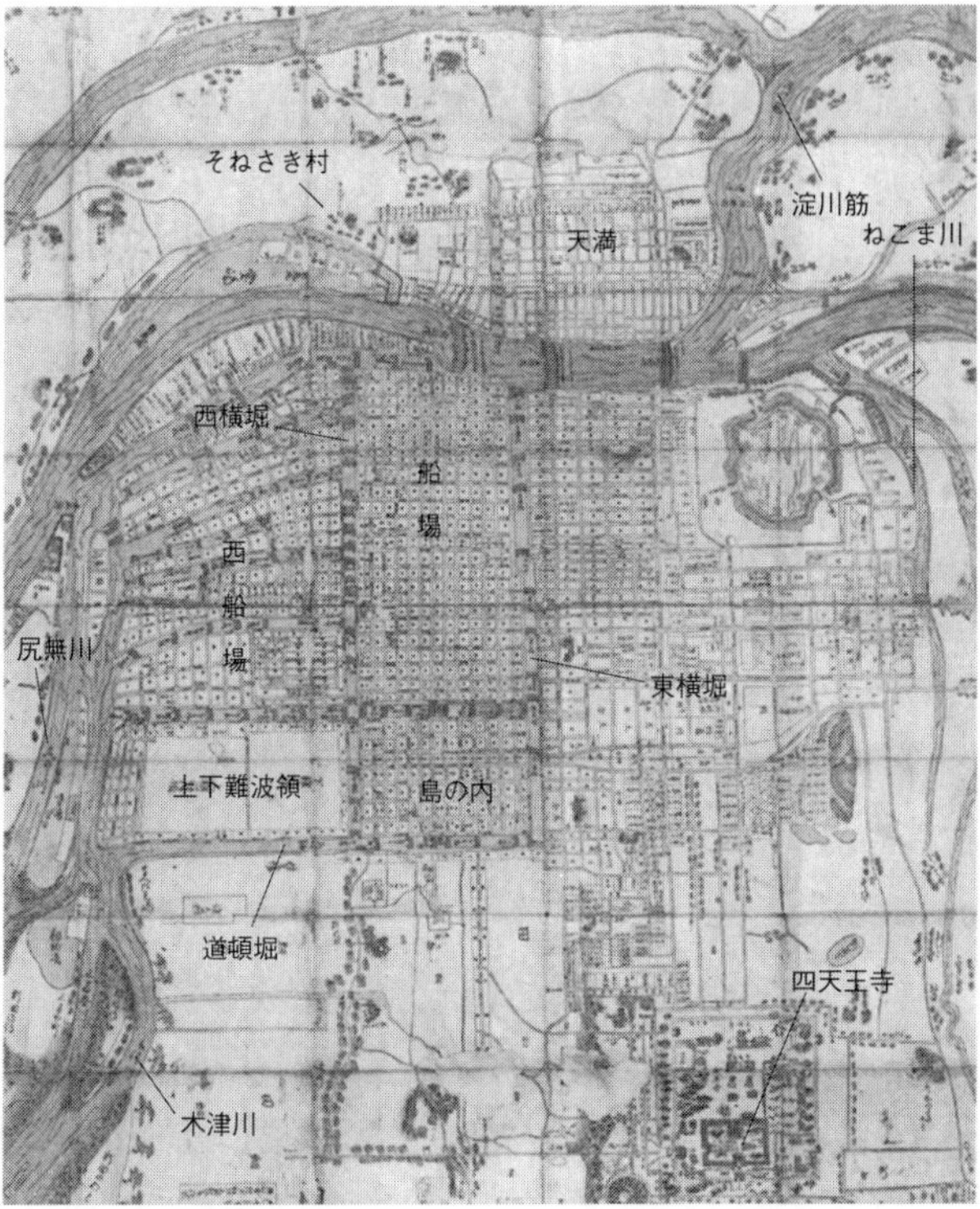

図1－1　「新撰増補大坂大絵図」（貞享4年、部分、大阪歴史博物館蔵）

（猫間）川」が限界をなしている。

南側は、日本橋から紀州街道沿いに長町が延びるが、ほぼ道頓堀《どうとんぼり》までである。上町《うえまち》台地上に寺町が展開しているが、四天王寺周辺は天王寺村の領域になる。寺町の間に家並みが描かれているところは、豊臣期には平野町として城下町構想の中心だったが、江戸時代には市域外とされた。道頓堀の北側でも西横堀より西側には、上《かみ》・下難波《しもなんば》村の領域が広がっている。なお、長町の西・南側に家並みが描かれているが、これは難波村・木津《きづ》村の集落域であり、都市的様相を呈しているが、大坂市中には含まれない。

西側は、尻無《しりなし》川の西は九条村である。この頃、九条嶋に開削された新川（後の安治川）があるが、両側に新地が開発されるのは少し後のことである。

この絵図が作成された後、ここに描かれた都市域の周辺に新地開発が行われるが、江戸時代を通じてこの絵図の範囲がほぼ大坂市中に該当した。こうした都市大坂の広がりを念頭において、その形成過程を振り返っておこう。

†大坂の形成過程

現在の大阪につながってくる出発点に豊臣秀吉の大坂城とその城下町建設があることは周知のことであろう。天正一〇（一五八二）年六月の本能寺の変で織田信長を自害させた明智光秀を山崎合戦で破り、さらに柴田勝家を賤ヶ岳《しずがたけ》の戦いで敗北させた秀吉は、天正一一年に大坂に入り、築城に着手した。

秀吉の当初の都市プランは、浄土真宗の本願寺寺内町跡に城を築き、そこから四天王寺周辺を城下町としてつなぐ構想であったという。城と上町台地上の城下町部分を、東の猫間川、北の大川（淀川）、西の東横堀に加えて、南に空堀を築いた惣構え《そうがまえ》（防御施設）で囲み（文禄三〔一五九四〕年）、平野郷（現在の大阪市平野区に所在）の人たちを移住させて、平野町を作るなどの都市建設が行われた。また、天正一三年に天満地域に本願寺寺内町を誘致して都市開発を促進した（ただし、天正一九年に京都へ移転）。慶長三（一五九八）年、秀吉は亡くなる直前に、幼い秀頼を思い、大坂城の防御をさらに固めるため、二の丸と惣構えの間に三の丸を築く。三の丸内には伏見から大名屋敷を移転させるため、そこにあった町家を移動させる必要が生じ、東横堀の西側の船場《せんば》に町場が開発された（「大坂町中屋敷替」）。内田九州男《くすお》氏は、この段階の都市開発状況を図1-2のように推定している。

元和元（一六一五）年に大坂夏の陣で豊臣氏が滅び、松平忠明（家康の外孫）が大坂城主となるが、元和五年に大和郡山に転封となる。この後、大坂には城代と町奉行が置かれ、徳川幕府の直轄となる。大坂の陣で痛手を受けた大坂の復興が図られ、一六三〇年頃にかけて、西船場や島之内に都市開発が進められていく。これによって、ほぼ図1-1の範囲

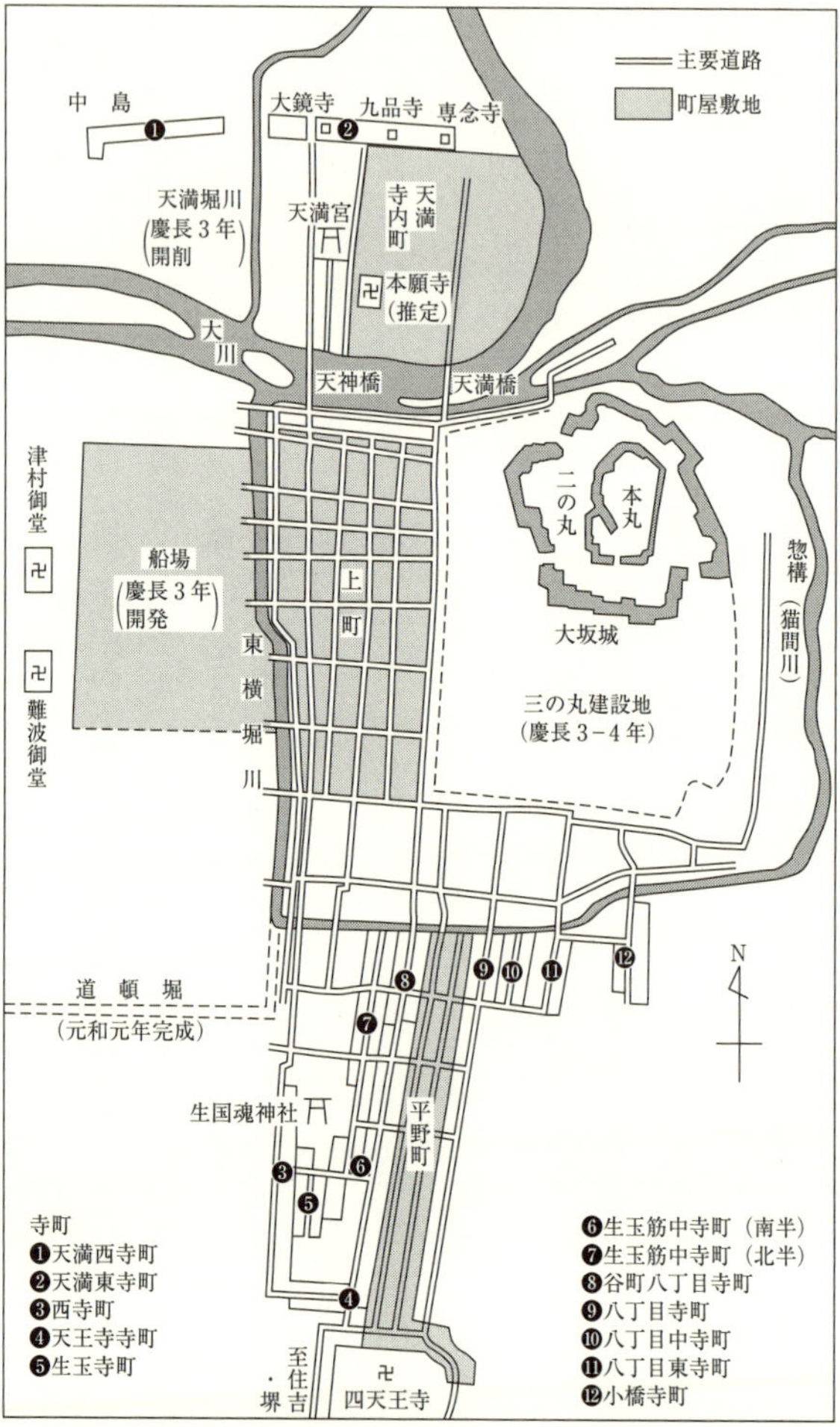

図1－2　豊臣時代の大坂（内田1989より）

表1－1　大坂の都市空間の形成

①豊臣期	
1583（天正11）	大坂城と城下町の建築着手
1598（慶長3）	三の丸建設
1600（慶長5）	西横堀川（1617〜19の新説あり） 阿波堀川
②徳川期Ⅰ	
1615（元和1）	大坂の陣で大きな痛手
	道頓堀川（1612着手〜） 成安道頓・安井治兵衛・安井九兵衛・平野藤次郎
1617（元和3）	江戸堀川
1619（元和5）	長堀川（〜1622、旧説は1625）岡田心斎ら
1620（元和6）	京町堀川（または1617）
	立売堀川（〜1626）宍喰屋次郎右衛門
1624（寛永1）	海部堀川　塩魚商人
1628	薩摩堀川（〜1630）薩摩屋仁兵衛
③徳川期Ⅱ	
	第1回河村瑞賢の治水（1684〜88）
1688（元禄1）	堂島新地 新川（のち安治川と改称）
1698（元禄11）	第2回河村瑞賢の治水
	堀江新地
1704（宝永1）	大和川付替え
1708（宝永5）	曾根崎新地
1733（享保18）	西高津新地
1764（明和1）	難波新地　金田屋正助　堀江川などの新築地

が都市域として形成される。

上町台地の西側に広がる地域は、天満砂堆《てんまさたい》と呼ばれる水はけの悪い地域だったため、西横堀のさらに西側の地域の開発は堀の開削とセットで行われた。表1-1に、豊臣期・徳川期Ⅰ・徳川期Ⅱに分けて大坂の都市空間の形成過程のメドとなる項目を整理した。道頓堀や西船場（船場から西横堀を隔てた西側の区域で長堀以北）の堀川の開発は、ほぼ一六三〇年頃までに一段落している。では、堀川の開削と一体の開発の中でも、具体的な経過がわかる道頓堀の開発を見てみよう。

†道頓堀とその周辺の開発

道頓堀の開発に携わった安井九兵衛の家に残された「安井家文書」（『安井家文書』〔大阪市史史料二〇〕七・八）によると、道頓堀の開発は次のように説明されている。

①慶長一七（一六一二）年に成安道頓・安井治兵衛・同九兵衛・平野藤次郎の四人が出願して、上下二八町の土地を下され、自分の資金で道頓堀の開削に着手し、その両岸に裏行（奥行）二〇間宛の町地を開発し、家を建てようとした。しかし、安井治兵衛は病没し、成安道頓は大坂の陣で豊臣方として敗死した。

②大坂の陣後に大坂城主となった松平忠明の家老・奉行衆から、元和元（一六一五）年九月に安井九兵衛と平野藤次郎に道頓堀両岸の町家を取立て、万事に肝煎《きもいり》する（万般を世話する）ようにとの折紙（紙を二つ折りに使用した文書）が出される。

③松平忠明の時代には明屋敷《（空）》（家屋の建っていない敷地）に年貢は課されなかったが、幕府直轄化（元和五年〔一六一九〕）以後は、初めは町奉行に、その後は代官に年貢を上納している。

下難波村の史料によって、慶長一七年に村高のうち一五五石余が「道頓堀川屋敷」（河川部分と両側の町地部分）に渡されていることが確認できる。安井家の由緒書に記された通り、慶長一七年に道頓堀開削のための土地が下され、事業が着手されたことは間違いない。

八木滋氏によれば、二〇一二年に新たに見つかった「安井家文書」に元和七（一六二一）年の「道頓堀川屋敷」と題した帳面が残されており、その段階の開発計画（家屋敷の配分）の状況を示すものとのことである（以下、道頓堀の開発については、八木二〇一五）。八木氏はそれによって、道頓堀の東端から両岸に取り立てようとした家屋敷の間口の総計が二八町程だったと推定されている。

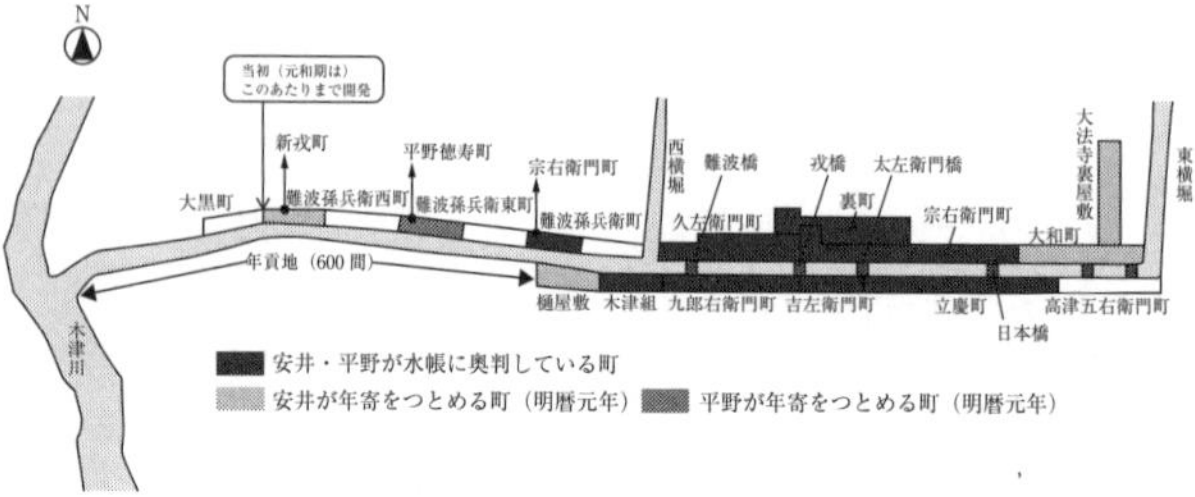

図１－３　明暦のころの道頓堀（八木2015より）

しかし、実際の開発は計画通りに進まず、東横堀に近い所や西横堀より西の部分は家建てが進まなかった。また東西横堀の間でも、南岸の中央部や北岸の裏町とされる部分でも明《あき》屋敷化が見られた。おそらく、家建て（＝町場化）が進んだ地域は地《ぢ》子《し》（都市域に課される「税」〈地代〉）の負担となったが、家建てが進まず明屋敷状態の土地には田畑同様の年貢が課されるようになったと思われる。ただし、寛永一一年（一六三四）に上洛した徳川家光（三代将軍）によって、大坂は地子の負担を免除されることとなったのである（地子免許）。なお、明屋敷の年貢負担は継続されたことに注意しておきたい。

八木氏は、寛永一七年に南岸の立慶《りゅうけい》町や吉左衛門町の明屋敷部分、北岸の久左衛門町や宗右衛門町の明屋敷部分の家建てを望む個人から願いが出され、認められた経緯を明らかにしている。また、同じ頃、道頓堀の東端区域や西横堀から西側の部分のまとまった再開発を、安井九兵衛・平野徳寿（次郎兵衛）・伊丹屋道寿・木津勘助・難波孫兵衛・高津村五右衛門らが願い

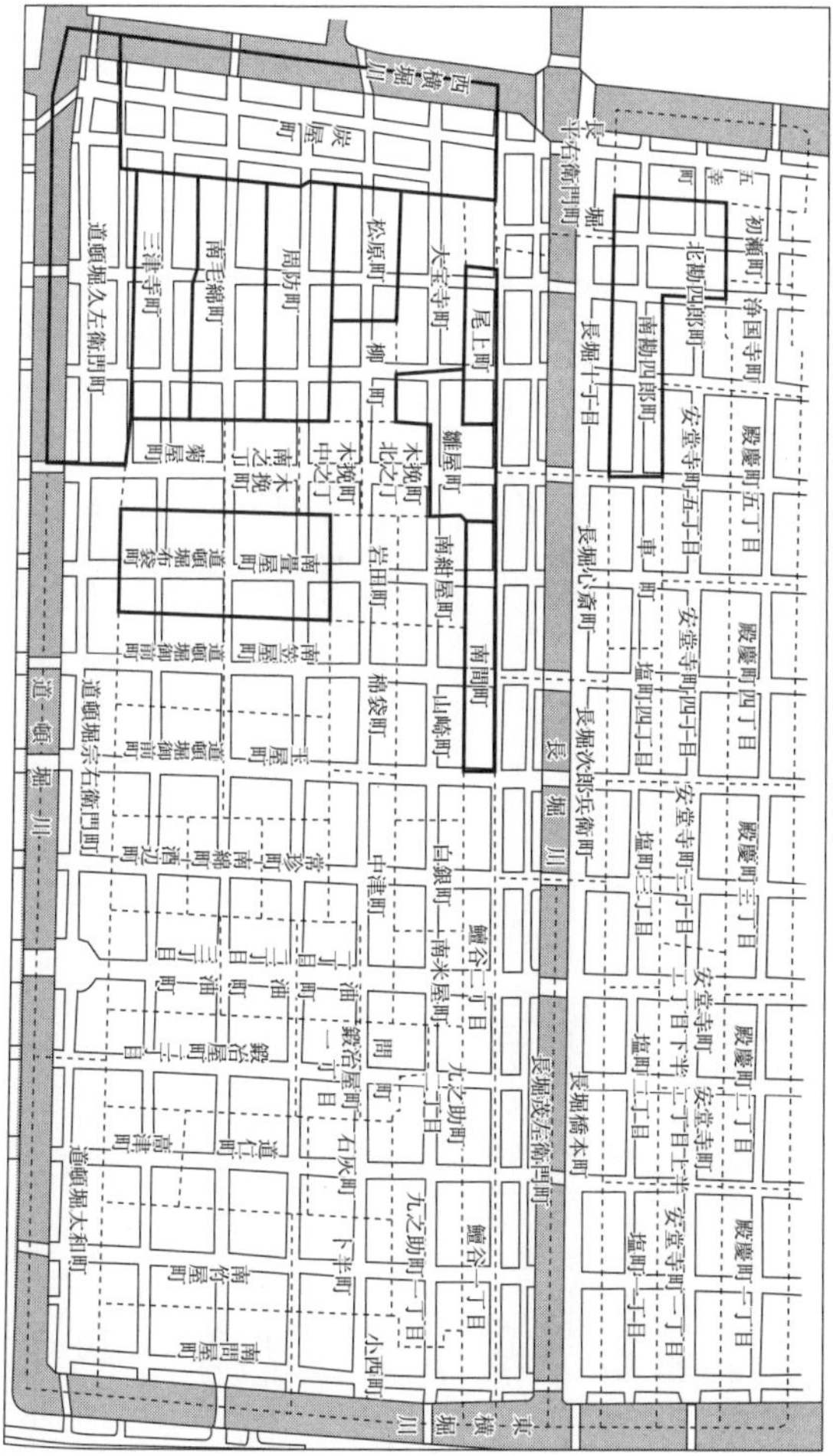

図１－４　三津寺村の町場化により成立した町・堀川（上畑1999より）

出て、認められたことも明らかにしている。明屋敷となり年貢負担を課された土地の再開発は、もう一度出願して許可を得る必要があったのである。こうした経緯の結果を示す明暦元（一六五五）年段階のこの地域の開発の進展は、八木氏が作成した模式図（図1-3）にうかがうことができる。

なお、寛永段階に部分的な再開発が行われたとは言え、すでに「町」として成立していた「（道頓堀）川八町」（＝「組合八町」）の範域は、安井九兵衛の管轄のもとで下年寄が置かれることとなり、この枠組みは幕末まで継続する。

以上の経過から見ると、次の二点が注目される。第一には、道頓堀の開発が着手されたころ、都市化が進んでいたのは船場の地域であって、（後の）堀江の辺りが上・下難波村の領内だったことはもちろん、（後の）島之内の辺りは三津寺村の領域であったという点である。三津寺村は村領の一部が慶長一七（一六一二）年に道頓堀の開削に提供されたが、元和六（一六二〇）年に至って、全体が町場として開発された。三津寺村の集落部分（住民）は三津寺町に再編され、周辺の村領には図1-4に見られるような町々が開発された。ただし、三津寺町でも、寛永八（一六三一）年から一七年頃にかけて家屋敷を建てることが求められ、明屋敷の場合は没収するという町奉行所の方針が示されている。少なくとも道頓堀周辺では、一七世紀半ばまでは都市開発がスムーズに進んだわけではなかったのである。

第二には、西船場の開発が、一六三〇年頃までの堀川の開削によって進展していたとすれば、西横堀を越えて連続的に展開していく地域＝西船場と、村領を挟んで、むしろ南の限界を画するような位置にある道頓堀周辺は開発の性格が異なるかもしれないという点である。つまり後述するような蔵屋敷や市場などが展開する西船場（図1－1）と、芝居地や茶屋などが展開する道頓堀周辺との違いである。なお、道頓堀が都市大坂の南限を画する都市計画上の意味を持っていたのではないかという点にも注目しておきたい。

†新地開発

道頓堀の西半部の南岸は一七世紀後半には材木置き場として使用されていた。延宝五（一六七七）年の安井家由緒書（『安井家文書』八）によれば、そこは寛文六（一六六六）年に町奉行彦坂壱岐守《いきのかみ》の許可を得て材木屋に材木置場として貸しているという。しかし、安井たちがこの区域の家建てを願わなかったわけではない。

安井九兵衛・平野次郎兵衛は、慶安三・四（一六五〇・五一）年頃、町奉行曾我丹波守・松平隼人正《はやとのかみ》に対して、この南岸西端の明屋敷に家を建てたいと願い出た（『安井家文書』一一九）。しかし、町奉行の判断は、町場から離れた（遠い）所にある川端西の方の明屋敷は公儀御用の材木置場に必要になるかもしれないから許可できないということであった。

この後、寛文六（一六六六）年一〇月二一日、安井・平野は、町奉行彦坂壱岐守に、材木置場の御用地にはならない東の方二五〇間程に家を建てたいと願い出た。これまで通り年貢も払い、町役も務めるので、自分たちへの助成として借屋を建てることを認めて欲しいとある（『安井家文書』一一九）。彦坂からは、江戸の判断も受けて、現在新屋敷は不用であるとして願いは却下された。彼らは、明屋敷の家建て（町場としての開発）を望み続けているが、一七世紀後半には実現していなかったのである。

しかし、その状況が大きく転換するのが、一七世紀末からの新地開発の展開である（表1-1 徳川期Ⅱ）。河村瑞賢《ずいけん》による淀川・大和川の治水工事の一環として貞享《じょうきょう》元（一六八四）年から堂嶋川の整備・築地や新川（後の安治川）の開削が行われたのである。一六三〇年頃までにほぼ三郷*の形を整え、都市開発の進展は一旦ストップしたが、一七世紀末に至って、周辺地域で新たに開発されたところは「新地」と呼ばれたのである。

＊江戸時代の大坂は、北組・南組・天満組の三組に分かれていたが、これら三組を合わせて三郷と言い、三郷という表現で大坂市中全体をさすこともある（詳細は後述）。なお、三郷各組の運営のための事務所が惣会所である。

「藤井善八覚書」(『大阪市史』五)によって、新地開発の概略を見ておこう(図1-5)。

①「堂嶋新地・安治川・湊橋町幷《ならび》に肥後嶋町」の新町屋は、貞享五(一六八八)年に開発されたが、拝領を希望する者に、地子の負担を条件にくじ引きで割り渡された。出願者はすでに他町において家持である者に限られ、家持の請人(保証人)が必要だった。大坂は寛永一一(一六三四)年に地子免許となっていたため、地子銀を負担することになる彼らには、惣会所費用などの負担基準となる「家役」は無役とされた。

②堀江新地(「堀江南北・橘通・御池通・富嶋・古川三拾三町」)は、元禄一一(一六九八)年に開発され、地代金一四万両を一〇年賦で上納することを条件に、入札者(希望者)に割り渡された。入札前に地代金を高くする目論見から茶屋株(茶屋の営業権)その他の諸株が赦免(認可)されたのである。ただし、ほとんどの家持が地代金を納められず、宝永三(一七〇六)年に家屋敷を没収され、再入札された。その際、地代金は一年分の上納額を十分の一にするとともに、期限なしの「永々」の上納となった。

③曾根崎新地は、宝永五(一七〇八)年に開発され、入札者(希望者)に地代金上納で払い切りとされた。その入札を募る町触で、「賑いのため茶屋・風呂屋・煮売屋等」を願い次第認めるとされ、高金で落札の者にそれらの「株付」(営業権付き)の家屋敷が割り

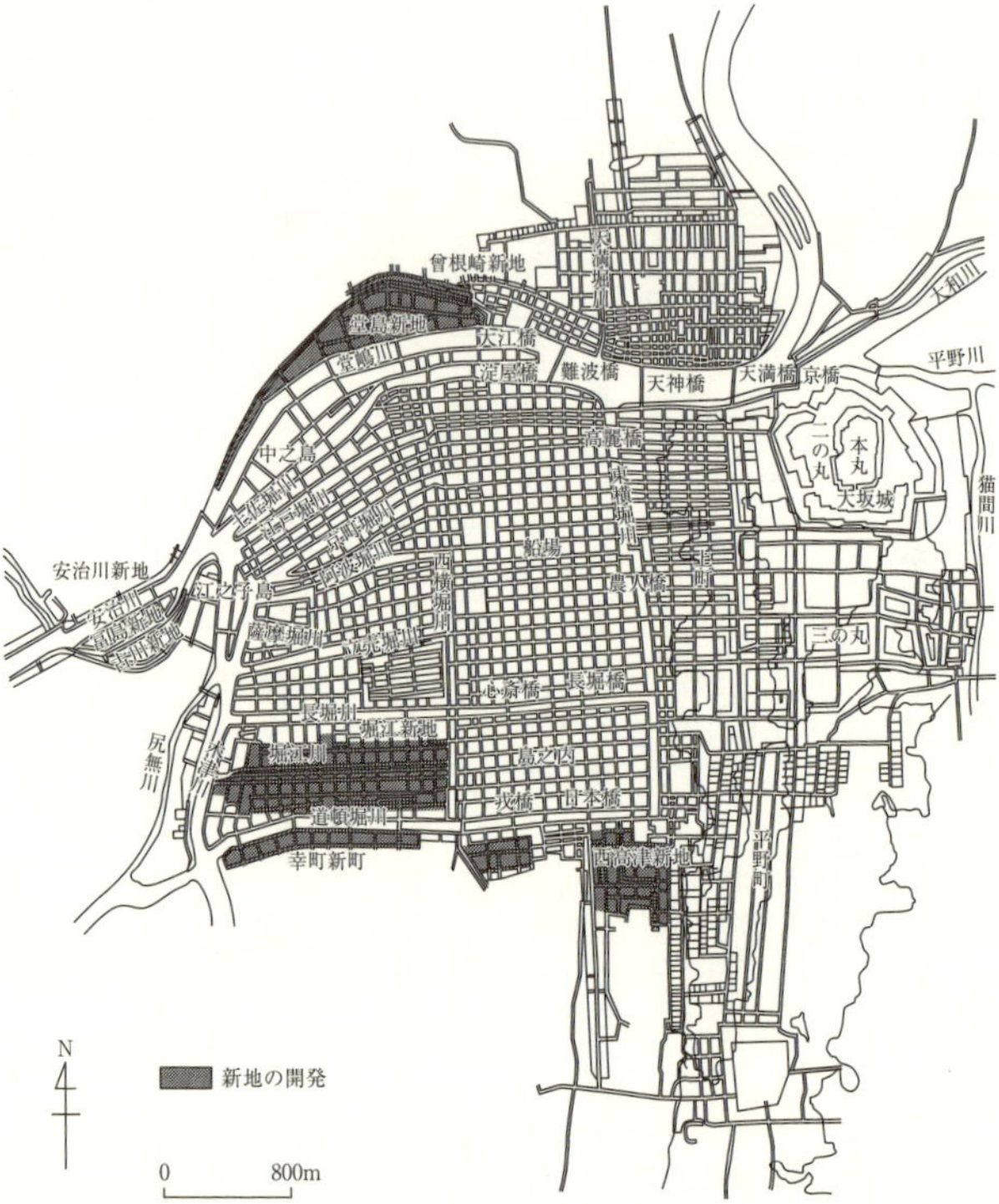

図1－5　近世大坂の町割り（高橋康夫・吉田伸之編『日本都市史入門Ⅰ　空間』東大出版会、1989をもとに作図）

表1－2　茶屋株赦免の状況（「初発言上候帳面写」「藤井善八覚書」〔『大阪市史』5〕、『大阪編年史』大阪市立中央図書館蔵をもとに作成）

延宝2（1674）年 （貞享3〔1686〕年	古株 傾城町	229株 48株）
元禄元（1688）年	堂嶋安治川新地	74株
〃	〃	51株（古株より差入れ）
元禄11（1698）年	堀江新地	68株
宝永5（1708）年	曾根崎新地	98株
享保19（1734）年	西高津新地	32株
明和元（1764）年	難波新地 金田屋正助へ	40株　所限り通用 165株＊三郷幷堀江南北曾根崎新地通用
〃	新築地堀江南北10町 富嶋両町	50株　33町通用 31株　〃
天明5（1785）年	難波御蔵入堀支配人 播磨屋伊兵衛	10株　三郷通用

＊あるいは風呂株15を含んでいるかもしれない。

渡された。

④西高津新地は、享保《きょうほう》一八（一七三三）年に福島屋市郎右衛門・備前屋善兵衛が西高津村内に新町屋を取り立てたいと出願し、許可されたものである。土地は西高津村から買い取り、町屋に取り立てた。延享二（一七四五）年より、この地所は大坂町奉行所の支配所となり、九ヶ町に町割りされたが、年貢負担も継続し、家役も課された。なお、開発人から家屋敷を買い取った者が家持となった。

⑤難波新地は、明和元（一七六四）年に鈴木町金田屋正助が難波村領内の新町屋開発を出願し、認められたものである。ここも、年貢と家役の両方が課された。

河村瑞賢による治水事業と連動する①堂嶋新地と②堀江新地、および③曾根崎新地は幕府主導の開発であり、地子銀（＝地税）上納を条件に出願した者（堂嶋新地）、入札による地代金負担者（堀江新地・曾根崎新地）に払い下げられた。一方、④西高津新地や⑤難波新地は開発請負人の出願が認められたもので、町奉行支配に入るが年貢と家役の二重負担が続く。

こうした性格の違いにもかかわらず、新地開発に際しては、「新地繁栄」「所賑い」などを名目として茶屋株や煮売株などが赦免された（地代金とセットとなる②③における茶屋株は家持に認められた営業権という特殊な性格をもち、実際の茶屋経営者はそれを借りる方式であったが）。

これら新地に認められたものを含めて、一八世紀までの茶屋株の赦免状況を表1－2に示した。大坂において、茶屋は早くから存在し、それが延宝二（一六七四）年に古株とされたが、元禄七（一七九四）年に至り、初めて茶立女二人を置くことが認められたのである。それ以前には禁じられていた茶立女を、この時点で改めて公認する措置が取られたのは、茶屋に対して、事実上の遊女商売を黙認することを意味した。風呂屋にも髪洗女二人を置くことが認められていたが、これらにより、新地には遊所としての性格が伴うこととなった。

†道頓堀周辺の「新地」としての性格

ここで、表1－2に見える古株について注目しよう。延宝二年に茶屋古株二二九株が赦免されたが、これらにも営業地に限定があった。享保期以前の茶屋営業を認められた範囲は、表1－3に示した通りである。日本橋から南にのびる長町一～九丁目と、道頓堀東半部の両岸の川八町、その南北に接する町々である。

表1－3　「古町茶屋赦免御定之場所」（享保以前）（塚田1996より、「せん年より御ふれふみ」大阪市立大学附属図書館蔵をもとに作成）

北組	南組
長町一丁目	道頓堀御前町
長町二丁目	〃　布袋町
長町三丁目	〃　宗右衛門町
長町四丁目	〃　久左衛門町
長町五丁目	〃　九郎右衛門町
長町六丁目	〃　吉左衛門町
長町七丁目	〃　立慶町
長町八丁目	玉屋町
長町九丁目	南塗師屋町
元伏見坂町	南笠屋町
	南畳屋町
	菊屋町
	西高津町

道頓堀南岸の立慶町・吉左衛門町は、芝居興行が認められた芝居地であった。寛文元（一六六一）年には、両町内に大芝居八軒、浜側に小芝居一六軒があったが、一七世紀末には小芝居はすべてなくなり、浜側にはいろは茶屋（芝居茶屋）が展開していた。両町の芝居小屋は、道頓堀周辺の開発請負人であった安井九兵衛が「所繁昌之ため」に取り立てを図ったものとされている。

一方、堀江新地と曾根崎新地、難波新地にも芝居小屋が赦免されている（新地芝居）。これは、茶屋株赦免などと同様の「新地繁昌」「所賑い」のために認められたものである。

以上の茶屋営業や芝居小屋のあり方を見ると、道頓堀東半部の両岸に展開する「川八町」（組合八町）、とりわけ芝居地となる吉左衛門町と立慶町やその周辺地域には、後の「新地」として開発された地域と共通する性格を見てとることができる。言い換えれば、道頓堀の開発は一七世紀前半の西船場などの諸堀川の開削・開発と一連のものであるとともに、後の新地開発と共通する「新地」としての性格という二重性をもったものと捉えることができる。

一六世紀末に豊臣秀吉による大坂城とその城下町づくりから始まる都市大坂は、その段階では上町から船場、天満の辺りに限られていたが、一六三〇年頃には堀川の開発を伴いながら、西船場や島之内などに拡大し、ほぼ三郷の形が整う。その後、一七世紀末から堂嶋新地、続いて堀江新地の開発以後、次々と新地開発が行われ、周辺への拡張が進められたのである。以上のような経過で形成・展開していった大坂の都市空間は、その形成過程によって様々な特質を刻印されることとなった。

†大坂の武家地・寺社地

次にこうして形成された大坂の都市空間の一九世紀段階での全体構造を一瞥しておこう。

江戸時代の城下町は、城を中心に、武家地、寺社地、町人地などに分節化された構造を持っていた。ただし、江戸幕府の直轄都市である大坂は、一般の城下町のような膨大な家臣団の集住を欠くため、武家地の比重は大きくない。また、社会的に見ると、武士や町人(商人・職人)、宗教者などの諸身分が複合的な構造をなしていたのであり、単純化することはできないが、おおよそ武家地・寺社地・町人地という区分で見ていくことが適切であろう。以下、この順に見ていこう。

図1-6は、一九世紀初頭の大坂の様子を表現したものである。大坂城の周辺に武家地が集まっている。大坂には、西国大名を統率する立場にもある大坂城代を頂点に、大坂城の警備にあたる定番二名・大番組二組・加番四名が置かれた。二の丸の南に城代屋敷があり、玉造《たまつくり》口と京橋口の両定番屋敷があった。大番・加番は城内に居住した。なお、このうち大番と加番は一年任期の役で、毎年八月に交替した。

大坂町奉行は、東西二名が置かれ、旗本が就任した。この大坂町奉行は、大坂三郷・町《まち》続《つづき》在領の支配、摂河の仕置から摂河泉播の地方関係の裁判権、さらには西日本への金銀

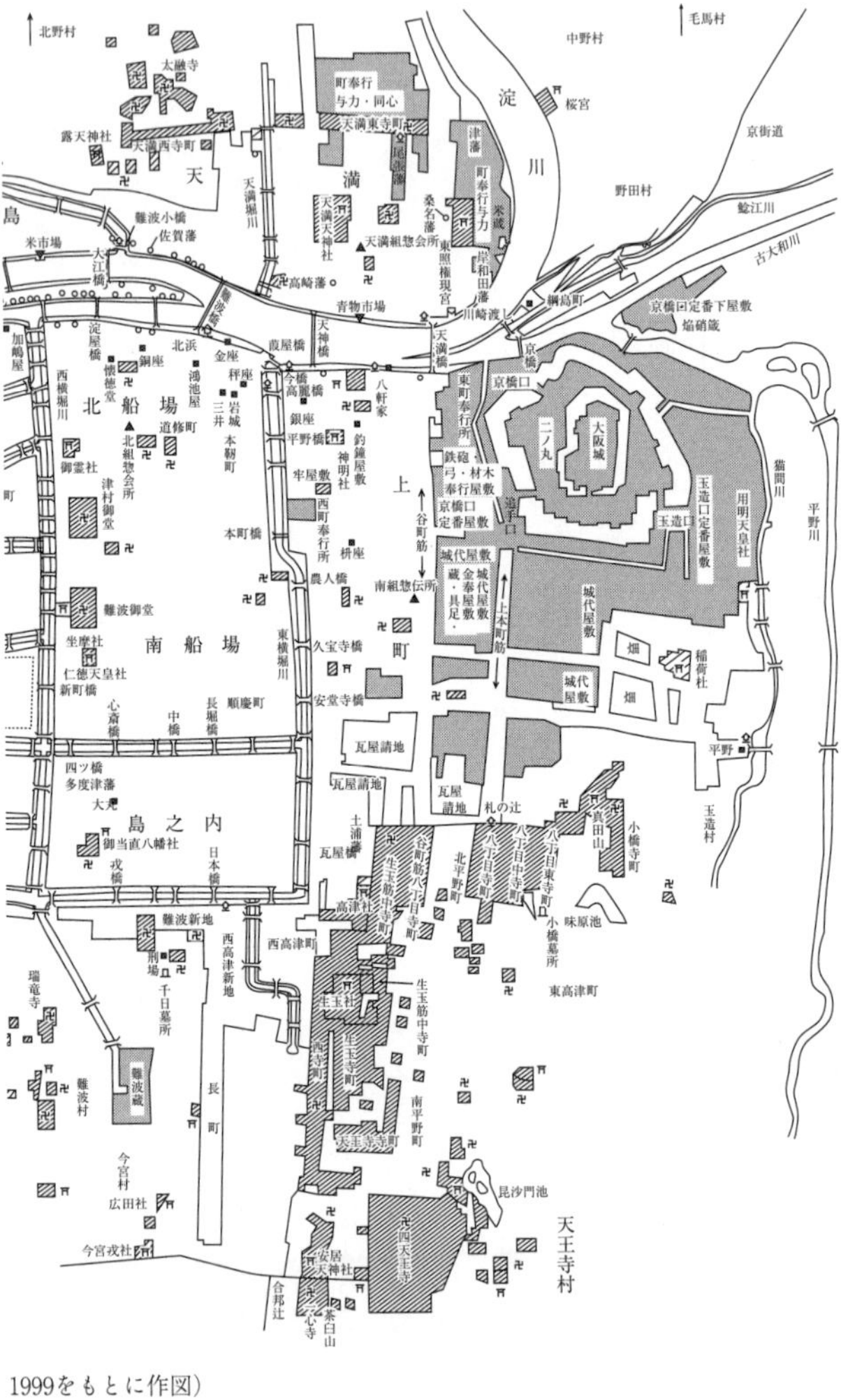

北野村
太融寺
露天神社
天満西寺町
天
町奉行
与力・同心
天満東寺町
尾張藩
満
天満堀川
天満天神社
天満組惣会所
桑名藩
東照権現宮
津藩
町奉行与力
米蔵
岸和田藩
淀
川
中野村
毛馬村
桜宮
京街道
野田村
鯰江川
古大和川
網島町
京橋口定番下屋敷
焔硝籏
島
難波小橋
佐賀藩
米市場
大江橋
高崎藩
青物市場
難波橋
天神橋
天満橋
川崎渡し
加嶋屋
淀屋橋
北浜
金座
銅座
懐徳堂
鴻池屋
秤座
三井
岩城
葭屋橋
今橋
高麗橋
八軒家
西横堀川
北
船
場
道修町
北組惣会所
本靱町
銀座
平野橋
釣鐘屋敷
神明社
御霊社
津村御堂
牢屋敷
西町奉行所
上
谷町筋
本町橋
桝座
京橋
京橋口
東町奉行所
鉄砲・弓・材木奉行屋敷
京橋口定番屋敷
追手口
二ノ丸
大阪城
玉造口
玉造口定番屋敷
用明天皇社
猫間川
平野川
城代屋敷
蔵・具足・金奉屋敷
城代屋敷
上本町筋
城代屋敷
南組惣伝所
農人橋
難波御堂
南
船
場
東横堀川
久宝寺橋
町
坐摩社
仁徳天皇社
新町橋
心斎橋
中橋
長堀橋
順慶町
安堂寺橋
畑
畑
稲荷社
城代屋敷
平野
瓦屋請地
瓦屋請地
瓦屋請地
四ツ橋
多度津藩
大丸
島
之
内
御当直八幡社
戎橋
日本橋
札の辻
土浦藩
瓦屋橋
谷町筋八丁目寺町
生玉筋中寺町
北平野町
八丁目寺町
八丁目中寺町
八丁目東寺町
真田山
小橋寺町
玉造村
高津社
味原池
小橋墓所
難波新地
西高津新地
西高津町
刑場
千日墓所
瑞竜寺
生玉社
生玉筋中寺町
東高津町
西寺町
生玉寺町
南平野町
難波蔵
難波村
長町
天王寺町
今宮村
広田社
毘沙門池
四天王寺
天王寺村
今宮戎社
安居天神社
合邦辻
一心寺
茶臼山

1999をもとに作図）

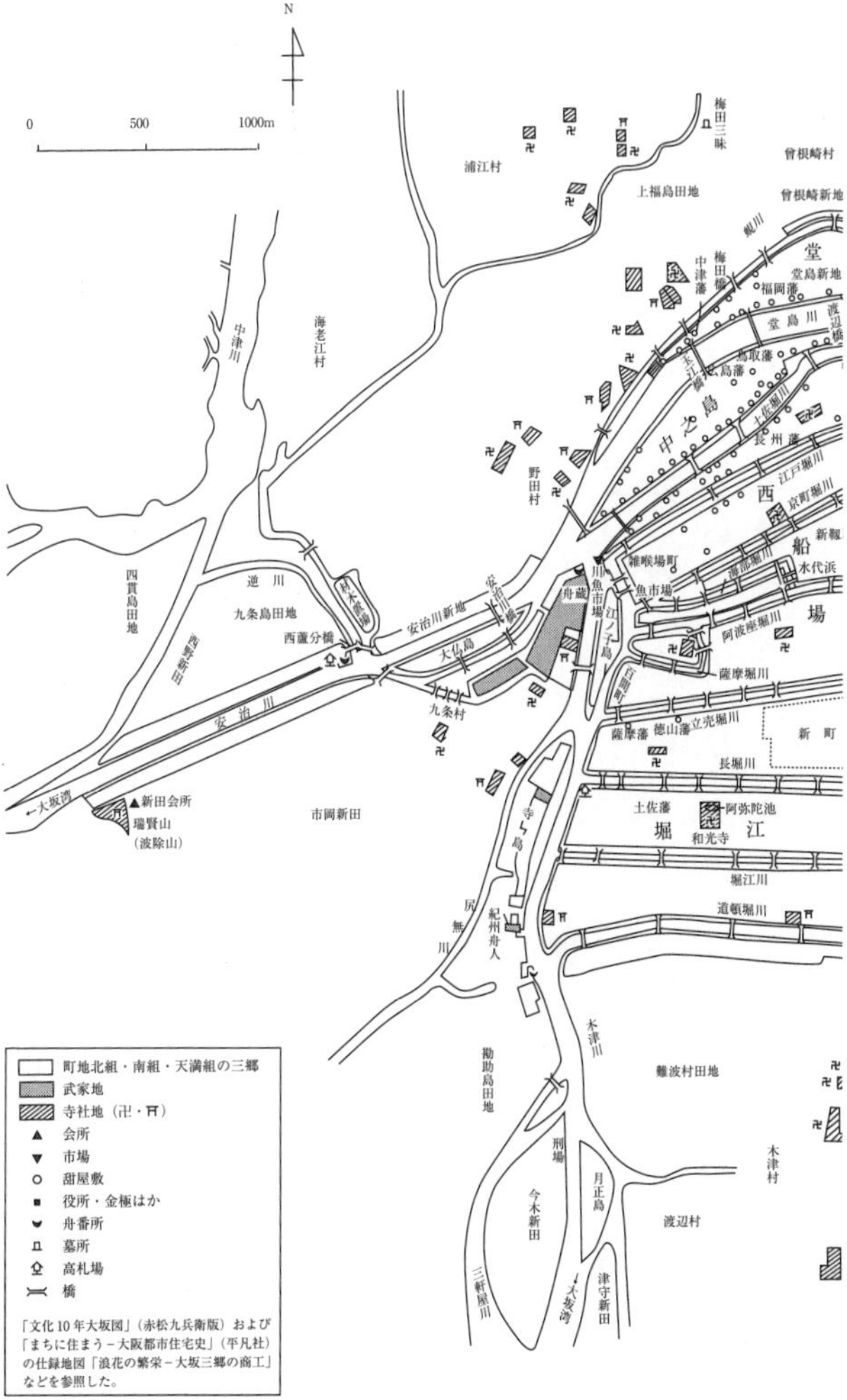

図1－6　近世大坂図（1813頃、永原慶二監修『岩波日本史辞典』岩波書店、

出入りの裁判権などの広範な権限を持っていた。京橋口の外側に東町奉行所があり、本町橋より少し北の東横堀沿いに西町奉行所があった。東西町奉行所の与力・同心の屋敷は、天満の東側の淀川沿いと北端の二ヶ所に所在していた。

大坂の武士身分が居住する空間として蔵屋敷がある。中之島や堂嶋、土佐堀川沿い、江戸堀川沿いに集中しているが、それ以外のところにも散在している。大坂の蔵屋敷は、江戸の大名屋敷（藩邸）のような幕府からの拝領地（武家地）ではなく、町人地を買得して設置されたものであり、そのため町人身分の土地の名義人を置かなければならなかった。その名義人は名代《なだい》と呼ばれる。蔵屋敷は、諸藩の年貢米や特産品などを大坂市場に販売することが最大の機能であったが、そのために多数の大坂商人が出入りし、仲仕《なかし》などの荷物運びの労働者も多く抱えていた。

大坂の寺社には、寺町（寺社地）に集中した寺院と市中に散在した寺院・神社があった。浄土真宗以外の寺院は、基本的には寺町に所在した。寺町は、大きくは二ヶ所に分かれており、一つは天満の北辺に東西に一列をなしていた。もう一つは上町台地上の武家地と四天王寺の間に大規模に形成されていた。一方、浄土真宗の寺院は、町内の家屋敷に所在した。また、多くの神社も町人地に散在した。図1-6に見える天満天神社や御霊社、座摩《ざま》社、仁徳天皇社（稲荷社）のような大規模な神社の境内では、芝居小屋が設置されて芸能興行も行われた（宮地芝居）。生玉《いくたま》社には、神主や社家もいたが、別当の南坊ほかの真言宗の社僧が実権を持っていた。生玉社や（大坂の南に位置する）四天王寺の周辺では、寺社を磁極とする社会秩序が形成されていた（寺院社会）。

なお、修験《しゆげん》（山伏）や願人坊主《がんにんぼうず》、陰陽師《おんみょうじ》、六斎念仏《ろくさいねんぶつ》、神道者などの勧進《かんじん》（物乞いに類する行為）を生業とする宗教者（道心者）は、市中の借屋などに居住することが認められていた。

†大坂の町人地——三郷

次に町人地について見よう。大坂の町人地は、北組・南組・天満組の三組に分けられ、合わせて三郷と呼ばれる。一八世紀半ばでは、北組に二五〇町、南組に二六一町、天満組に一〇九町が属し、三郷合わせて六二〇町を数えた。写真では見えにくいが、図1－1の大坂町絵図では、北組の町には●印が付され、南組の町には▲印が付されている。この図では、天満組の町は無印である。天満組は、ほぼ大川（淀川）の北側、北組と南組は本町橋の辺りを境に分かれるが、単純な境界線で区切られた空間ではなかった。

立売堀《いたちぼり》と長堀の間に見える新町は、大坂で唯一の公認遊廓である（黙認遊所は他にもあったが）。この新町遊廓は、空間的には南組の地域に位置していたが、内部には南組の町と北組の町が混在していた。三郷の枠組みが確定した後の元禄一一（一六九八）年に大規模に開発された堀江新地三三町は、当初北組・南組に付属するものとして一括されていたが、元禄一六年に北組・南組・天満組に分割された。また、理由は不詳だが、日本橋《にっぽんばし》から南に延びる長町も北組であった（あわせて日本橋の北側の油町一〜三丁目も）。渡辺村はかわた身分の村で、町奉行所の行刑役などを務めたため、役人村とも呼ばれた。渡辺村は木津村の領内に所在したが、内部に六町が含まれていた。この渡辺村六町は空間的には離れた天満組に属していた。

以上のように三郷は単純に空間的に区切られたものではないが、都市運営上の行政的なまとまりであった。三郷にはそれぞれ惣会所が置かれたが、その位置は図1－6に見える。各組には、運営の中心となる数人ずつの惣年寄がいたが、安井九兵衛が南組の惣年寄だったように、初期の有力町人が任命された。その下に、各組に雇用された惣代、若き者、物書き、会所守《かいしよもり》などがいた。彼らが執務するのが惣会所である。惣年寄、惣代らは各組の運営だけでなく、町奉行所の市中支配のシステムに組み入れられていた。

図1－6には、三井（越後屋）や岩城（升屋）、鴻池屋が例示されているが、船場には、呉服商や両替商などの有力町人の店舗が集中していた。堂嶋には米市場があり、天満の大川沿いには青物市場があった。西船場に目を移すと、雑喉場《ざこば》に生魚市場、靭《うつぼ》の永代浜に塩

干魚市場と干鰯《ほしか》市場があり、江戸堀下之鼻新築地に川魚市場があった。また、長堀の両岸には材木市が広がった。

全国各地から大坂に積み送られてきた諸物資は、大きな廻船が市中の堀川には入れないので、安治川口・木津川口で上荷舟・茶船に積み替えられて、諸問屋・船宿に荷受された。西船場や堀江には、こうした諸問屋・船宿などが展開した。

先に触れたように、西船場には新町遊廓があり、道頓堀周辺や新地には芝居小屋や茶屋町が展開した。やや意外かもしれないが、三郷内には一八世紀初めに酒造屋が数百軒あった。そして、その後数を減らすものの、幕末にも二〇〇軒近くが存在していた。

ここまで、孝子褒賞・忠勤褒賞で窺える様々な人びとの活躍する舞台としての都市大坂の形成過程と空間構造の大枠を見てきた。しかし、人びとがどういう社会組織のなかで暮らしていたかを頭に入れておくことも不可欠である。それについては、次章で具体的に見ることにしよう。

第二章

町方の社会組織

前章で見た大坂の都市空間のあり方を踏まえて、本章では町方の社会組織のあり方をうかがっておこう。

†三郷と町触

序章で紹介したように、孝子褒賞は、その理由とともに町触として市中全体に通達された。現代の法は、国家レベルの法律にしろ、地方自治体の条例にしろ、一定の体系的条文構成を持つものであるが、江戸時代の法は、個別の指示・命令、あるいは通達として触れられた。そのため、御触《おふれ》や達書《たつしがき》、あるいは御仕置《おしおき》などと呼ばれた。

大坂市中に通達される町触《まちぶれ》には、江戸幕府の全国触を大坂に伝えるものと、大坂町奉行が独自に出すものがあった。町触は町奉行の指示・命令が惣年寄を通してそのまま三郷各町に伝えられるものであるが、町奉行の意向を受けて惣年寄が自らの言葉で伝えた達書があった。町触は、都市支配の基本法的なものから時々の個別的な指示・通達まで幅広い内容を含んでいた。基本的な法の場合、修正・否定されることがない限り、効力は持続したが、何年か後に、〝何時いつにこのように触れたがきっと守るように〟と再触されることがしばしば見られた。こうした点も、現代の法とは性格が異なるところである。

こうした町触や通達は、一年に数十回に及ぶこともあり、それらがすべて各町に伝えられ、町内居住者のすみずみまで伝えることが求められたのである。そして各町ではそれが触留《ふれどめ》などに詳細に記録された。場合によっては、家持が連印した、町触の内容を遵守する旨の請書の提出を求められることもあった。内容によっては、借屋人も請書に連印を求められることがあった。

日本の江戸時代の町や村では、こうした触留やさまざまな出願・届出などの行政関係文書や、それを記録した御用留《ごようどめ》なども膨大に残されてきた。以前に《法と社会》という視角から法の伝達のあり方に関する比較史のシンポジウムを企画した際に、中国清朝やビザンツ帝国などでは街角で口頭で読み上げられるだけで、民衆に伝えたものとされ、日本のような膨大な史料が残されることは考えられないという事実を聞いた（塚田編二〇〇七）。こうした史料の残り方自体に、町や村に基盤をおく日本の伝統社会の特質が示されているのであろう。

†町の構造と運営——道修町三丁目を例に

先述したように、大坂三郷には一八世紀半ばで六二〇町があった。江戸時代の「町」は、現在のような単なる住居表示とは異なり、家持を正規の構成員とする共同組織・団体であり、都市の住民生活の基礎単位として重要な位置を占めていた。

大坂では、四〇間の間隔で碁盤の目状に道が通されていた。もちろん、地形や堀川によって一律にはいかなかったが、船場の地域には典型的な形が見られる（第一章図1－5）。たとえば、東横堀に架かる高麗橋と平野橋の間に西横堀に向かって東西に通る道修町《どしょうまち》の通りに沿って、道修町一丁目から五丁目が並んでいる。これらの一丁目～五丁目のそれぞれが「町」である。安政三（一八五六）年の水帳《みずちょう》（土地台帳）から道修町三丁目の家屋敷所持の状況を復元したのが、図2－1である。通りに面して細長い区画に人名が記されているが、この区画が家屋敷と呼ばれる土地所持（売買）の単位（細胞）であり、それを所持する人が家持である（図内の人名）。この家持がその町の町人であり、「町」は家持＝町人を構成員とする共同組織＝団体であった。*

*なお、大坂では東西の道路に沿った両側で一つの町を構成することが多かった（両側町）。船

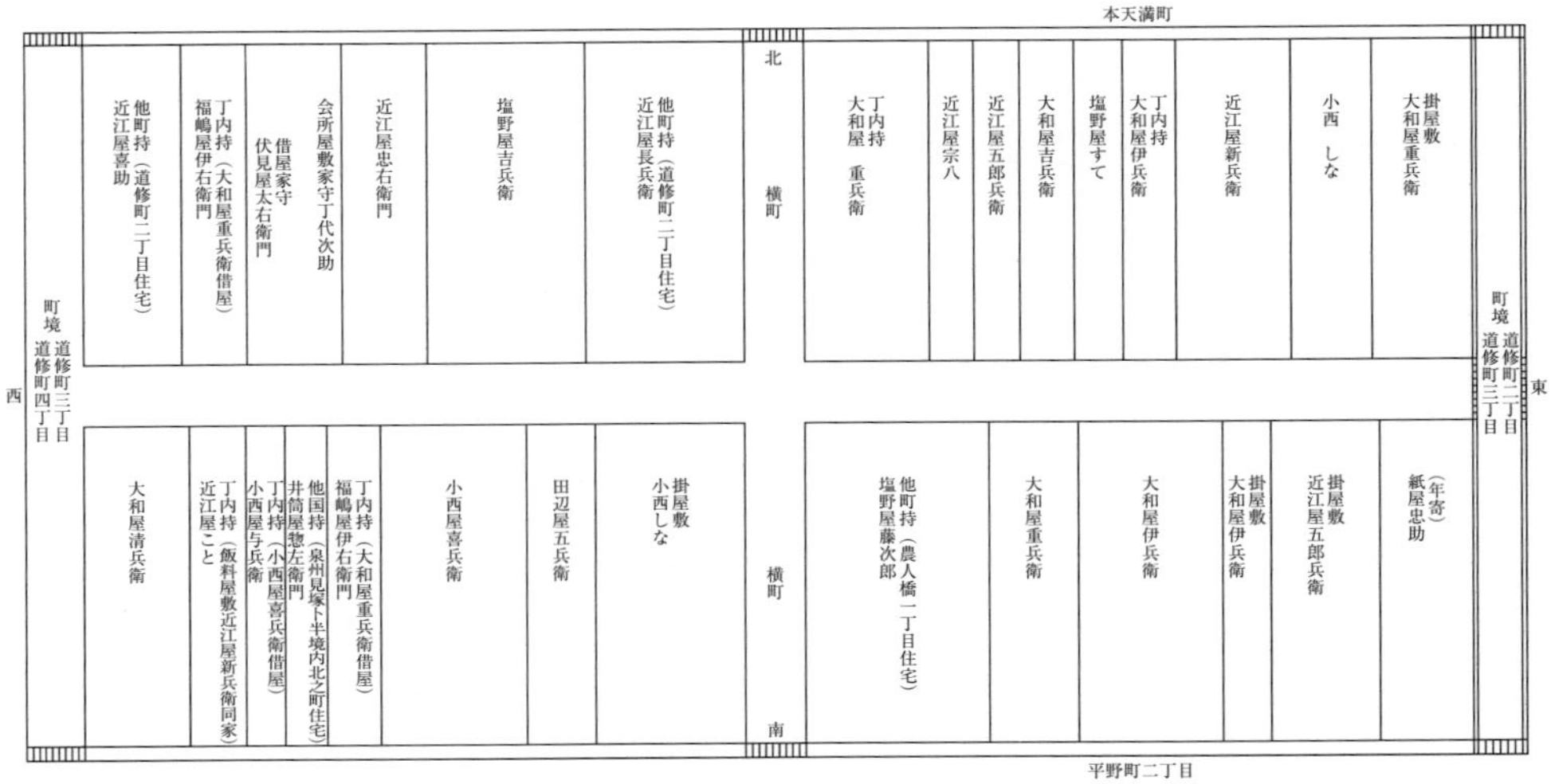

図2－1　安政3年　道修町三丁目水帳絵図（大阪市立中央図書館蔵の史料をもとに作成）

場地域では、二ブロックで一町のことが多かったが、堀江などでは三ブロックで一町も多かった。中には南北道路沿いのことや一ブロックで一町のこともあり、堀川沿いでは片側町の場合もあった。

町では、町人による運営のための寄合が持たれ、そのための空間＝町内会所を持つことが一般的だった。また、町式目・町内格式申合せなどと呼ばれる独自の法を持ち、土地台帳である水帳も町ごとに作成された。町単位の水帳に示されるように、家屋敷の所有は第一次的に町人相互に確認・保証しあったのである。

町の運営の中心には、家持の代表たる年寄がおり、毎月二人の月行司《がちぎょうじ》が当番で年寄を補佐することが一般的であった。江戸時代後期には、監査役として年番（一年任期の当番）を置くこともあった。そのような町の運営のあり方を、船場の中心部に位置する道修町三丁目において文政七年閏八月に作成された「申合書」（「道修町三丁目文書」大阪府立中之島図書館蔵）でうかがってみよう。

これは、年寄紙屋忠助と家持二五名（家守四名を含む）が「町中一統相談の上」申し合わせた三七ヶ条を必ず守るということで連判したものである（⑬などの数字は、「申合書」の何条目かを示す）。

⑬「町儀寄会」（町の問題での寄合）の際は、「町人」はわがままに欠席してはいけない。

ここで「町人」と表現されているのは、連印している家持たちのことなので、そこには借屋人は含まれず、家持＝町人であることが確認できる。そして彼らには寄合への参加が義務づけられていることがわかる。

㉖「他町持家屋敷」には、家守を置くこと。ただし、隣町持の場合は例外とするので、その時に相談すること。

「他町持」とは、別の町に住んでいる者が所持している家屋敷のことであるが、その場合も家持（＝町人）は町運営の権利と義務を持っており、その責任を果たすため、代理人としての家守を置くことが求められたのである。道修町三丁目の場合は、隣町の者が家持となった際は、事前の相談を条件に家守を置かなくてもよいことにしている。隣町に住んでいれば町人としての責任が果たせると考えたのであろう。

㉕家屋敷は、周辺と不相応に安く売買してはいけない。（中略）

ただし、家屋敷の売買について交渉が成立したら、銀高と買主名を町中に伝え、全員の「実印」による了承を得たうえで、「帳切《ちょうぎり》」の手続きを行うこと。

帳切とは、土地台帳である水帳に貼紙をして名義人の切り替えをすることであるが、そこから家屋敷の売買・譲渡・相続の手続きを行うことを意味した。この箇条は、家屋敷の資産評価の下落を危惧したものと思われるが、但し書によれば、町内家持の実印での同意が必要とされている。

⑮借屋を貸すときには、これまでの居住町・職業を年寄・五人組に届けて、町内の了承を得たうえで、「家請一札」を取って貸すこと。

道修町三丁目では、家持が自分の借屋を貸す場合も、相手の身元・職業を確認し、町内の同意を必要とした。ただし、それは年寄・五人組への「届け」であり、家屋敷売買のような実印・書面によるものではない。これはあくまで道修町三丁目の規定であり、借屋に関する取扱いはどこの町でも同じというわけではない。なお、五人組は町内の近隣の五軒程度のまとまりで、家屋敷の売買証文や質入れ証文（家質証文）などに連印した（この連印がないと証文の効力が認められなかった)。「家請一札」とは、借り手の身元を保証する証文であり、借屋契約書の意味を持った。

㊲町内の「諸書物類」や会所の諸道具などは、帳面に書き記し、その帳面は年番方に預かること。

この箇条にうかがわれるように、大坂の町は共有(財産)の会所屋敷を持ち、多数作られた文書・帳面などは、町会所で保存・管理されていた。ここには、膨大な歴史史料を残した江戸時代の社会の特質が示されている。

†道修町三丁目の社会=空間

先の町内申合せ書が作成された一九世紀前期の道修町三丁目には、借屋は一〇〇軒以上あり、家持・借屋の家族・奉公人も含めた町内居住の総人数は六〇〇人余りであった。次に、彼らの町内での居住のあり方を見ておこう。

図2-2は、明治期の船場の北部地域の建家取調図から復元された道修町三丁目の部分の建物配置である。時期が違うので、家屋敷の区画に若干の変化があるようだが、図2

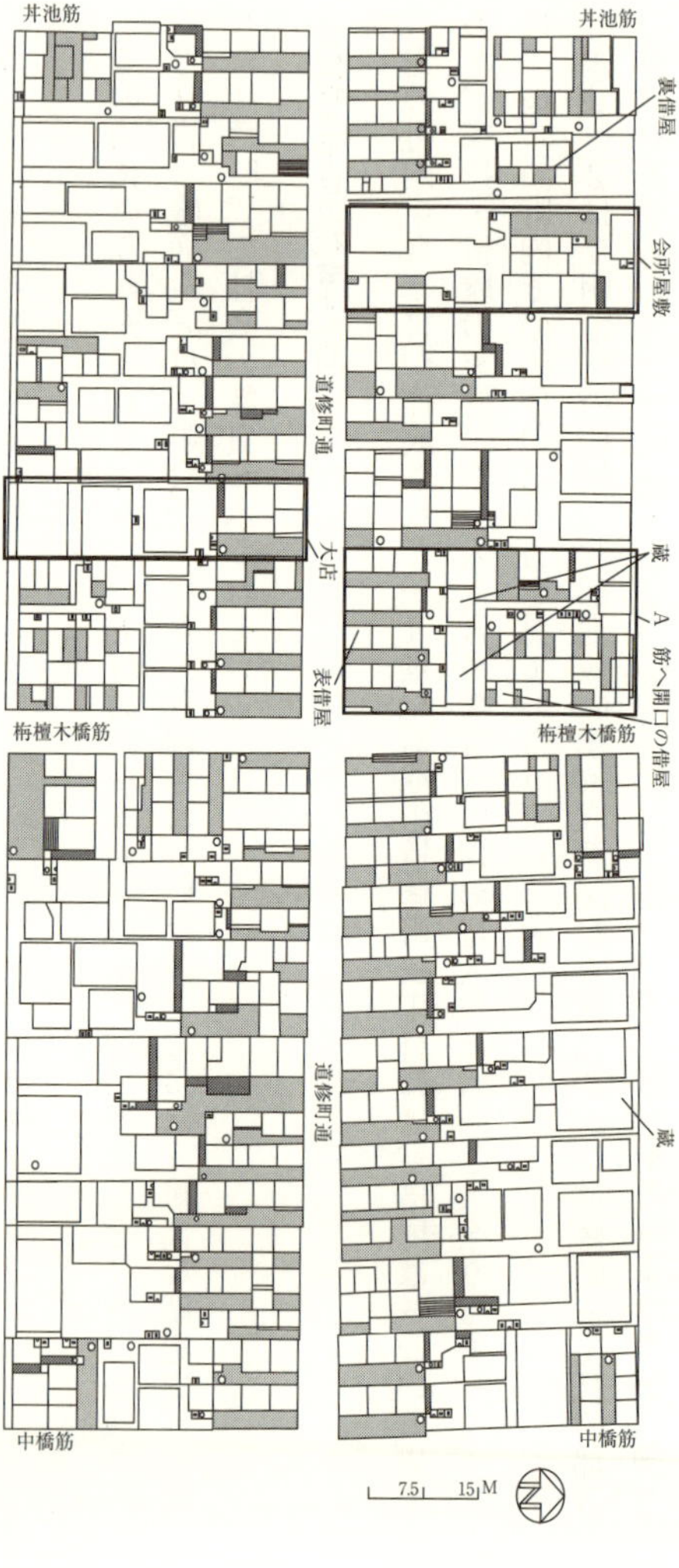

図2－2　道修町三丁目建家図（『図集日本都市史』東京大学出版会、1993をもとに作図）

－1と合わせると、建物配置が家屋敷の区画に照応していることが（当たり前だが）わかる。道修町通りを表として間口が分割され、奥行きは二〇間の長方形の区画が並んでいる。「大店」と書き込んだ区画は、家屋敷全体を利用して、表側に町家が建てられ、奥に蔵が

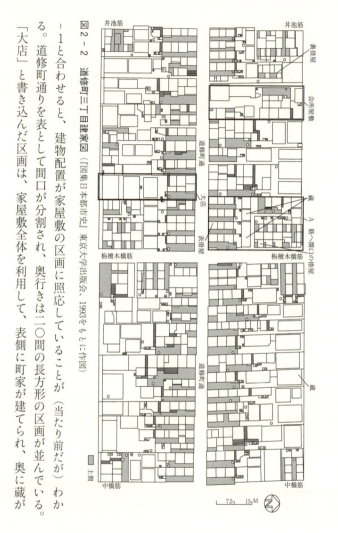

建てられているが、これは家持が自分で居住し店舗として用いているものと思われ、借屋は置かれていない。町家部分に網掛けされているところは通り土間で、台所が設置されている。ここには、家持とその家族だけでなく、何人もの奉公人が住み込んでいる。こうした商家は大店である。

栴檀木橋《せんだんのきばし》筋に面する「表借屋」・「筋へ開口の借屋」と書き込んだ区画（A）を見てほしい。道修町通りに面する表側には、三部屋の座敷と通り土間をセットとする四軒がある。これらは背後に蔵も持っている。こうした表通りに面した借屋の場合には、店舗として用い、商売を行うことができた。これに対して、栴檀木橋筋に開口した同様の形式のものが四軒並ぶが、これはそれぞれ三部屋続きの借屋に切り土間二ヶ所があり、奥に空地というセットである。ここでも道路に面しているので商売が可能かもしれないが、そうだとしても規模から見て、零細なものと想定される（同町では、南北の筋沿いを横町と言った）。

細長い家屋敷で、道路に面した表に対して、路地を入った部分は裏と呼ばれる。大店や表借屋は職住一致の性格を持つが、裏借屋は通りに面しておらず、商売を行うことはできず、居住（生活）に特化したものである。道修町三丁目には、裏借屋と想定されるものは、ごくわずかしか存在しない。もちろん時代劇で江戸の裏長屋として描かれるような情景は、大坂でも広く存在しており、後述する堀江新地の御池通五丁目などでは、多数の裏借屋・

図2－3　御池通五丁目の明治19年実測図（高橋康夫・吉田伸之編『日本都市史入門Ⅱ　町』東京大学出版会、1990より）

裏長屋が展開していた。しかし、船場の中心部に位置し、薬種中買商が集住する町である道修町三丁目には、裏借屋は未展開だったのである。*

*なお、道修町三丁目の人口は一七世紀には一〇〇〇人を大きく超えており、零細な借屋人が多数居住していたと想定される。裏借屋の消滅のプロセスは今後の課題である。

「会所屋敷」と書き込んだ家屋敷が、町中共有の会所が設置されたところである。奥の建家がもともとは町内会所だった建物である。通りに面した表の部分は借屋に供されたのである。この会所が、町代が執務し、家守として管理する場であった。

なお、町代は、手当を貰って町の仕事を行う町の雇用人であるが、近世中期以降、本来町年寄や月行司が担うべき仕事も町代に任せっきりという状況も広く見られた（呉二〇一五）。町代の指揮の

表２－１　御池通五丁目の住民構成（文政10年10月、御池通五丁目「人別帳」大阪市立中央図書館蔵をもとに作成）

家持	家守	家内（人）	茶立（人）	下人（人）	下女（人）	同居（人）	借屋(茶屋)（軒）
①和泉屋新吉		2		2	1		6
②奈良屋忠兵衛		2		4	2		12
③高岡屋勘右衛門		5		7	3		5
④〃	高岡屋大助						18
⑤鍵屋利兵衛	鍵屋甚右衛門						29
⑥墨屋和平		7		3	2		4
⑦平野屋儀助	田中屋伊右衛門						8
⑧河内屋重右衛門		3			1	7	1
⑨薩摩屋重之助		3			4	2	
⑩明石屋久兵衛		6		1	1		1
⑪薩摩屋金兵衛		3		3	1		13
⑫平野屋五兵衛	河内屋重右衛門						21
⑬瀬戸屋九蔵		4		4	2		9
⑭和泉屋彦兵衛	長尾屋新兵衛						16
⑮播磨屋季助		4		5	2		
⑯池田屋太右衛門	明石屋久兵衛						26
⑰土佐名代長岡屋久兵衛	高岡屋勘右衛門						9
⑱大和屋豊三郎	和泉屋重助						26（7）
⑲鍋屋藤七		2		4	2		
⑳佐渡屋治右衛門		4		1			8（4）
㉑播磨屋季助	（播磨屋利兵衛）	4		5	2		10（6）

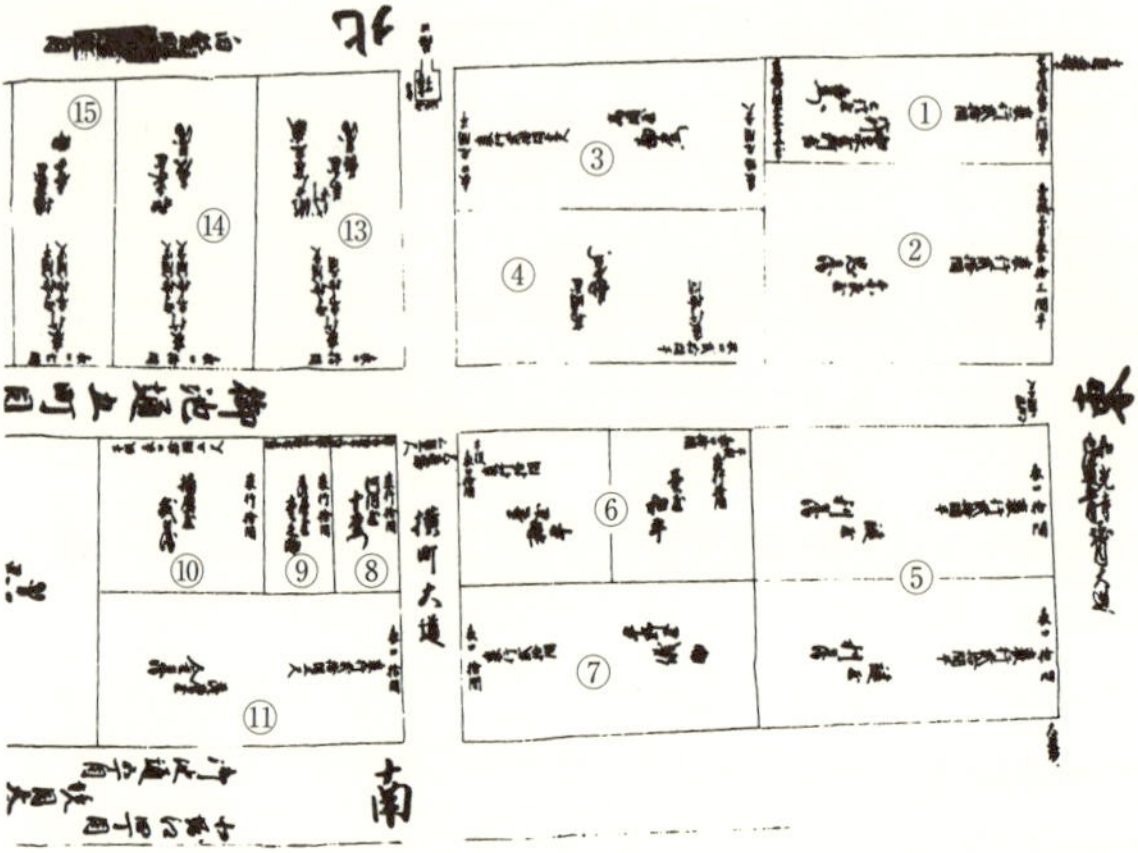

下で、下役（補助者）や夜番人が抱えられた。また、非人の番人である垣外番《かいとばん》というものが置かれることもあった。

御池通五丁目の社会＝空間

新地における町の事例も見ておこう。堀江地域は元禄一一（一六九八）年に新地として開発されたが、そこに含まれる御池通五丁目の範囲は明治一九（一八八六）年の実測図では太線で囲んだ部分に相当する（五六頁、図2−3）。その町内の様子を示すのが、文政八（一八二五）年の「御池通五丁目水帳絵図」である（図2−4）。御池通五丁目は御池通を挟む四〇間の街区三つから成る町である。西北の区画は北側の白髪町から連続している土佐藩の蔵屋敷で

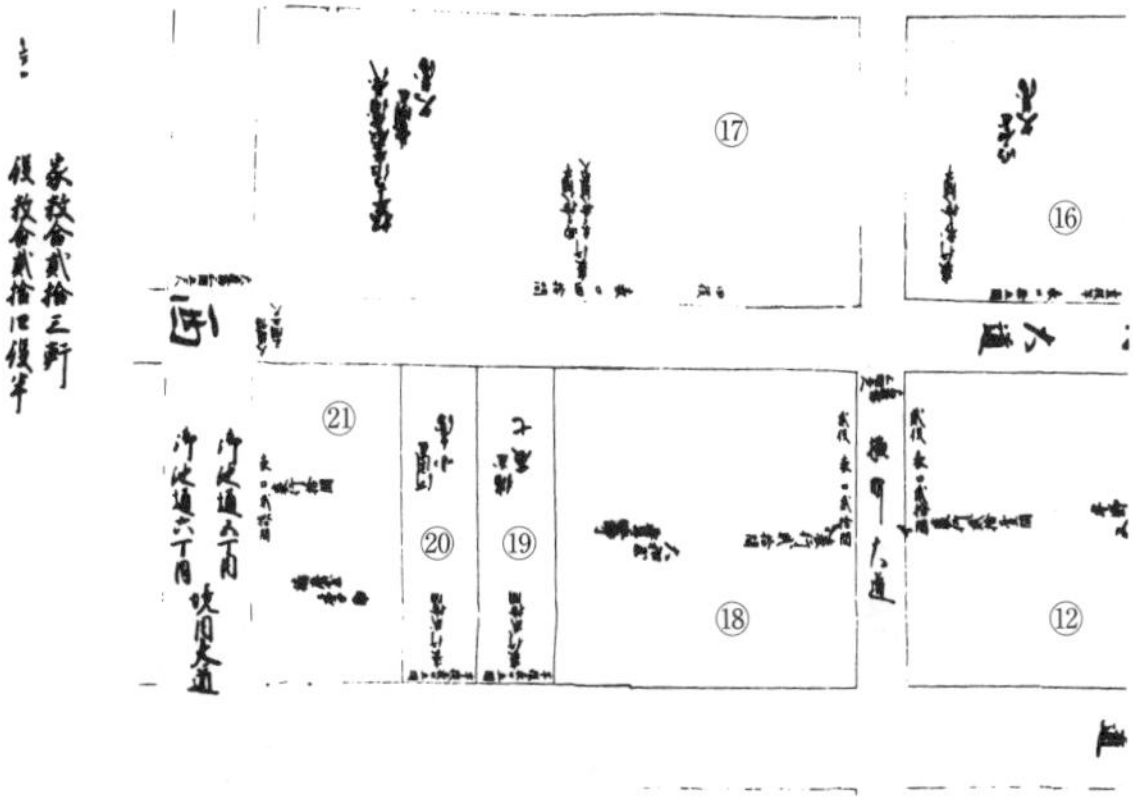

図２－４　御池通五丁目水帳絵図（文政８年、「小林家文書」大阪市立中央図書館蔵）

あり、名代は長岡屋久兵衛が就いている。

住民構成を見るため、文政一〇（一八二七）年の御池通五丁目における家屋敷ごとの家持の家族構成と借屋戸数を表２－１（五七頁）に示した。このうち家内人数が空欄の所は他町持の家屋敷で、ここには家守が置かれている。全体で二一人の家持（家守を含む）によって借屋の人別が把握されているが、このうち他町持である⑤鍵屋利兵衛、⑫平野屋五兵衛、⑯池田屋太右衛門、⑱大和屋豊三郎の家屋敷には二〇軒を越える借屋人が居住している。池田屋太右衛門の家屋敷は一五間×一八・五間だが、それ以外は二〇間×二〇間を越えており、いずれも巨大な家屋敷である。鍵屋は道修町一丁目に居住する有力な薬種中買商であり、平野屋五兵衛は今橋一丁目に居住していた大坂でも屈指の両替商であった。彼らは、堀江新地の開発の際に大規模敷地を確保すべく資本投下した有力町人であり、その名残りがこの時期まで続いていたのである。⑱大和屋豊三郎、⑳佐渡屋治右衛門、㉑播磨屋季助の家屋敷には茶屋を営む借屋人が集中しているが、西隣の御池通六丁目の家屋敷でも茶屋が集中していた。逆に言えば、堀江新地は茶屋株を赦免され、茶屋営業が認められた空間であったが、どこにでも茶屋が散在していたわけではなく、一定区画に茶屋の集中する茶屋町と言ってもよい区域が形成されていたのである（吉元二〇一五）。

また、借屋人の職業を示したのが、図2-5である。借屋のうちにも通りに面した表店借と、表通りから路地を入った奥に位置する裏借屋の区別が必要であるが、御池通五丁目ではその実態はわからない。表は店舗空間で小商売を行う場であり、おそらく図2-5に見える古手屋《ふるて》・小間物屋などは表店借であり、多く見られる仲仕や（日雇）働渡世・手伝職（江戸のとび職に近似）などは裏借屋であると考えて間違いない（表2-1の借屋数の多い家屋敷との対応）。表借屋と裏借屋は社会的階層としてははっきりとした違いがあったことが明らかにされており（吉田一九九二）、御池通五丁目でも同様であったと思われる。

なお、天保《てんぽう》改革で堀江新地の茶屋営業は一旦禁止されるが、この段階では西南の⑱⑳㉑の家屋敷にも茶屋は見えなくなっている（吉元二〇一五）。

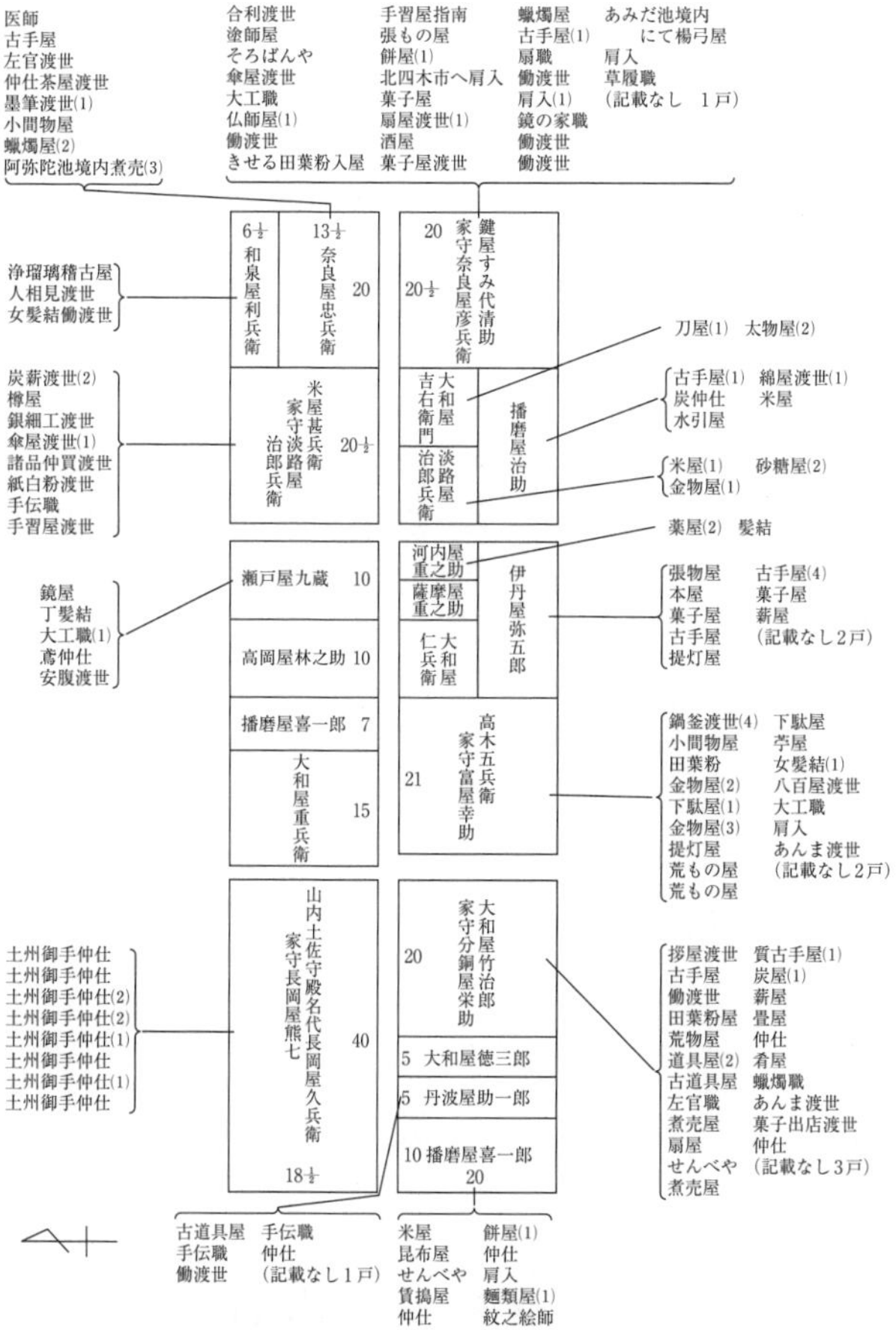

註(1) 「御触書印形帳」(小林家女書25) により作成、借家人の配列は史料の記載順による。
(2) ( ) 内の数字は雇用奉公人数をあらわす。
(3) 各町屋敷に付された名称は家持および家守、数字は間口間数をあらわす。

図2－5　明治元年における御池通五丁目の借屋人の職業（西坂靖「大坂・御池通五丁目」吉田伸之他編『日本都市史入門Ⅱ　町』東京大学出版会、1990より）

御池通五丁目では、宝暦四（一七五四）年正月に二八ヶ条からなる「町内格式申合帳」（「小林家文書」大阪市立中央図書館蔵）を作成しているが、それは幕末期まで有効なものとして機能していた。ここでも、第一一条で、家屋敷の売買に際しては、町中に伝え、その了承を得た上で（「町中和合の上」）、手付証文（仮契約）を行うこととあり、家屋敷の売買に町の承認が必要とされている。一方で、第一二条では、現在、石灰焼《いしばいやき》商売、白皮ふすべ革商売（ならびに膠商売）、人宿人請商売、馬方商売、茶屋・風呂屋・役者商売、薬缶鍛冶・鋳物師商売、碇鍛冶商売、絞油商売、牛蠟商売、下屎《くそ》商売、葬礼道具商売に携わっている者、寺社方道場には家屋敷を売ってはいけないとある。* これは家持＝町人となる者を職種の側面から限定しているわけである。道修町三丁目には、こうした職商規制という形の規定は見られなかったが、そこには、町法はそれぞれの町で独自の取り決めが行われていることが示されている。

*ここで挙げられている職種について、わかりにくいものもあるので少しだけ補足する。石灰焼商売は漆喰の製造。白皮ふすべ革商売は鹿革の加工業。人宿人請商売は奉公人の口入業で、求職者に宿を提供することである。鍛冶（鋳物師）はやかんのような日常用具と碇のような大型製品で分かれていたのだろうか。絞油商売は菜種や綿実を絞る（灯）油の生産者。牛蠟は牛脂を用いた粗製の蠟燭のこと。下屎商売は、都市で「生産」される下肥を近郊農村に販売する仕事。

なお、注意しておきたいのは、ここで禁じられているのは、家屋敷の売買であって、これらの職業の者に借屋を貸すことは禁じられていないことである。実際、表2－1に見える家持には茶屋経営者は一人もいないが、借屋人の茶屋営業者は一七軒もいたのであるから。

†大店の家と仲間

都市大坂で暮らす人びとにとって、営業上の組織である株仲間や商人らの「家」も大きな意味を持った。ここでは、一例として薬種中買仲間とその一員であった鍵屋茂兵衛家について取り上げてみよう（渡辺二〇〇六）。

薬種中買仲間は、享保七（一七二二）年に一二四株の株数限定で株仲間として公認された。彼らは、長崎で五ヶ所本商人が入札した唐薬種を大坂の唐薬問屋を通じて買い入れ、それらを品質を見ながら小分けして、大坂市中および全国の取引先に売り捌くことを生業としていた。

彼らは、唐薬問屋を通して砂糖などの薬種以外の輸入品も取り扱い、また国内各地で生産された和薬種も諸国問屋や船宿を通じて荷受した。この薬種中買仲間は、道修町一～三丁目に居住することを仲間規約で定めていた。*先に見た道修町三丁目には、薬種中買商が多数居住していたのである。

＊それも道修町通り沿いに居住することを原則としたが、空きがない場合には、横町沿いの借屋も許容された。

渡辺祥子氏は、薬種中買仲間の一員であった鍵屋茂兵衛家を事例に大店の家のあり方を詳細に解明されている（渡辺二〇〇六）。鍵屋茂兵衛家は一七世紀の後半から道修町一丁目に居住が確認できる薬種中買商であった。代々茂兵衛を名乗ったが、天明元（一七八一）年一〇月の町触を受けて、利兵衛と改名し、以後代々利兵衛を名乗ることになる。一一代将軍徳川家斉《いえなり》夫人となった茂姫（島津重豪の娘）の江戸城西の丸への引移りを受けて、人名に「茂」の字のつく者は改名するように触れられたからである。

鍵屋茂兵衛家は、一八世紀半ばには道修町一丁目に五ヶ所、それ以外に六ヶ所の家屋敷を所持していた。その中には、先に触れた御池通五丁目の家屋敷も含まれている。延享《えんきょう》元（一七四四）年に三代目茂兵衛が死亡したため、これら一一ヶ所の家屋敷はすべて鍵屋妙《みょう》有《ゆう》の名義となる。妙有は初代茂兵衛の娘であり、二代目茂兵衛はその婿養子であった。宝暦元（一七五一）年に妙有の娘しきの婿（庄蔵改め）茂兵衛が四代目を相続し、薬種中買株および居宅と隣屋敷の二ヶ所の家屋敷の名義人となった。その後、一〇年余りをかけて、残りの九ヶ所の家屋敷は徐々に妙有名義から四代目茂兵衛・五代目茂兵衛や分家の茂七郎家に切り替えられていった。このことは、初代茂兵衛の実娘である妙有の財産所有権（株や家屋敷）の強さを物語っている。江戸時代において、女性であっても実際の血縁に基づく実質的な財産権は強かったのである。

鍵屋茂兵衛家の奉公人は、店表の営業に関わる手代や子供（丁稚《でっち》）と台所方の雑用を行う下男に分かれた。子供が元服すると名前を変えて手代になるが、両者合わせて鍵屋には一〇人余りの奉公人がいた。下男は久三郎・久助・久七などすべて「久」の字のつく名前で呼ばれ、一〜二人であった。店表の奉公人の場合には、一定の年限を勤めあげると鍵屋の屋号を持つ形で別家（のれん分け）を認められた（もちろんそこまで行かない者も多いが）。別家は鍵屋一統として強いつながりを持っていたが、その中には薬種中買株を持つ者もいた。また、唐薬問屋や脇店薬種屋など関連する業種も含まれ、本家を中心に営業上のネットワークを形成していたのである。ただし、別家に対しては本家と同業種の営業を認めないという家もあった。本家の考え方で違いがあったことは注意しておきたい。

以上のように、鍵屋茂兵衛家は薬種中買仲間の一員であり、①道修町一丁目の居宅・隣屋敷（両方で間口一八間余）は全体が店舗と居所として利用されていた。②その営業に奉公人を一〇人以上雇用し、それは店表（営業関係）と台所方（生活維持）に分かれていた。③一定年限を勤めた手代は別家を認められ、本家によって一統として統括された。④店舗・居所以外にも多数の家屋敷を持ち、そこでは多くの借屋人に借屋を貸す借屋経営を行っていた。御池通五丁目に所持する家屋敷における多数の借屋人に見られたように、都市下層の民衆と対峙していたのである。吉田伸之氏が江戸の事例から提起された大店の基準を参照し（吉田一九九五）、ここでの鍵屋のケースを念頭に置くと、大店の諸側面として、①家屋敷全体を店舗に利用、②店表と台所方の一〇人以上の奉公人、③本家・別家による一統の形成、④多数の家屋敷所持と借屋経営、があげられるが、これに加えて、⑤営業・生活の諸局面に及ぶ出入の商職人の存在が想定される。

†女名前――家持と借屋

鍵屋妙有が家屋敷や株の名義人（名前人）になっていたように、家持の場合は女性が名前人になることができたが、女名前で借屋を借りることはできなかった。こうした制度が確立するのは享保一五（一七三〇）年のことであった（以下は『大阪市史』第三巻所収の町触による）。同年正月二〇日に、三郷の惣年寄・惣代の市中取締りがゆるがせになっているとして、①同家（同居人）の取扱い、②女名前、③法外な金銀貸借、④異名を付けた暴れ者と博奕《ばくち》、⑤隠遊女などの諸問題の取締り強化が触れだされた。

そこでは、「当地」（大坂）では女名前の家持や借屋の者がいるが、理由のない（「訳なくして」）女名前はやめるようにとされている。理由のないケースの例として、複数の家屋敷を持つ夫と女房が別々に名前人となる場合や、夫婦一緒にいながら女房の名前にする場合があげられている。おそらく借銀滞納・破産などの際の財産保全のための予防措置ではないかと想像される。

二ヶ月後の三月二二日に、先の諸取締りが未だ徹底していないとして、女名前については、各町で取り調べ、「訳立《わけた》ち候分《そうろうぶん》」（納得できる理由がある分）は惣年寄宛に書き出し、理由の立たない場合は三月中に名前の切り替えを行うべきことが触れられている。これにより、理由のある場合は、惣年寄への届け出の上で女名前は認められることになる。注意したいのは、ここでは家持と借屋が区別されていないことである。

その後、六月一二日に至って、次のような措置が触れられた。前提として一条目で、女名前については惣年寄の管理する帳面に本人とその町の年寄が押印することとしている。その上で、二条目で、その場合にも男名前の者ができ次第、名前人を切り替えること、三条目で、三郷外から新規に女名前で借屋を借りることは禁止、四条目で、借屋については現時点で女名前の理由が立つ者は当面そのまま認めるが、今後新たに女名前で借屋を貸してはいけないと規定している。ここで、家持と借屋が区別されることになった。家持は手続きをすれば、女名前が認められるが、借屋は（現在の女名前の者がいなくなれば）一切女名前は認められなくなったのである。

これによって、女性だけの家族になった場合、借屋を借りるためには、名前人となるべき男子を養子にするとか、わずかな伝手《つて》で誰かに男名前で借屋を借りてもらい、その同家という形をとるとか、極端な場合には、男名前を確保するために婚姻の形をとるなどのことも見られるようになるのである。要は、男の「名前人」を借りるということである。

家持の場合、女名前が認められたのは、先に指摘したような財産所有権の強さがあったものと想定される。その場合、男名前の者ができたら、できるだけ早く切り替えることとされ、その期限は三年以内という建前であったが、鍵屋妙有の事例にもあったように、延長願を提出して、さらに長い期間女名前であることは普通に見られたのである。なお、女名前の場合や名前人が幼少の場合には、代判人を付ける必要があったことは注意しておきたい。

†家請人仲間と不安定な借屋

借屋を借りる際には、身元を保証する請人《うけにん》が必要であった。その請判《うけはん》（請人としての証文への押印）をすることを商売とする者が生まれてきていた。彼らは、家請人《いえうけにん》と呼ばれ、享保一七（一七三二）年に五三人が出願して株仲間として公認され、それ以外の者が商売として請判（家請）をすることは禁じられた（以下、西村二〇〇一）。彼らは、家持が「家入用」・「借屋人不埒《ふらち》」などで「家明け」（借屋の明け渡し）を求めたら、速やかに借屋人を立ち退かせ、町奉行所まで「家明願」が持ち込まれないようにすると述べ、また仲間として小屋（家請小屋）を設置し、借屋から立ち退かされた難渋者を一時的に収容すると提案して、認められたのである。

家請人が請状に請判する際には、本人の親類・知人から下請（家請人宛の身元保証の証文）を取ることを仕法書で規定していた。このことは、実際には家請人は本人のことをよく知っていないことを示すと同時に、請人となってもらう親類・知人などがいない者が、判賃を払って家請人を利用するというのではないことがわかる。では何故、家請が稼業として成り立つのであろうか？　その背景には、彼らが借屋を口入（紹介）する機能を持っていたことがあったと思われる。つまり、現在の不動産屋のはしりである。

株仲間化により、その後この五三人の者たちは、特定の家持から借屋を借りる時には、必ずある特定の家請人に頼まなくてはいけないという関係（「家請判先」）を形成していった。船場の中心部に所在する道修町三丁目における寛政元（一七八九）年八月の時点での調査では、借屋人八八人のうち、家請人請六三人、親類請一八人、不明七人であった（全家屋敷のほぼ半分のデータ）。ここで注目されるのは、同一の家屋敷に居住する借屋人はすべて一人の家請人が請判していることである。その際、表店に居住し薬種中買株や脇店薬種株を持つような明らかに親類請が可能な安定した者でさえ家請人が請判している。これは、それぞれの家屋敷単位で特定の家請人が、借屋を紹介（口入）し、保証人となる機能を独占している一面を示していよう。

また、借屋を出なければいけなくなった人たちが、家請人仲間が設置した家請小屋に収容される小屋入りの状況からは裏借屋人の「家」の不安定性がうかがえる。たとえば、寛政一二（一八〇〇）年、南新町二丁目袴屋勘兵衛借屋から夫尾張屋清兵衛が欠落《かけおち》（行方がわからなくなること）して小屋入りとなった女房なお・母そののケースは、三郷家請人南谷町豊嶋屋吉兵衛が菊屋町の「親類」高津屋文蔵らに引き取りを求めて町奉行所に訴えたことから、詳細な事情がわかることとなった。高津屋文蔵の父嘉兵衛は寛政一〇（一七九八）年一〇月に、周防町紀伊国屋喜六支配借屋に別宅したが、これはその・なおを同家人として借宅させるためであった。この時、そのの幼少の養子常次郎を実親の元に帰している。名前人のために養子とした常次郎が必要なくなったのである。その五ヶ月後、なおは尾張屋清兵衛に縁付き、母そのも一緒に引っ越したが、翌年三月に清兵衛が欠落した。それで小屋入りとなったのである。この間、わずか一年半足らずである。この経緯からは、養子常次郎を迎えることとも、高津屋嘉兵衛の同居となることとも、尾張屋清兵衛に縁付くことも、そのとなおの親子が住居を確保するための手段として同質のものであることがうかがえる。

まさに先に指摘した〈養子を迎える〉・〈同家人になる〉・〈縁付く〉ことによって男名前を確保して、大坂市中に借宅していた典型的事例である。名前人を借り、擬制的な家を作って三郷を転々と移動する様相からは、不安定な裏借屋人の状況が浮かび上がってくるのである。

ここまで、都市大坂という空間的および社会的な舞台装置を見てきた。次章からは、多様な人物たちがその舞台で活躍する様を褒賞事例を通して具体的に見ていくことにしよう。

第二部　孝子褒賞と忠勤褒賞

歌川國員「浪花百景　三井呉服店」(大阪市立中央図書館蔵)

第三章

褒賞制度の展開

†江戸幕府の「孝義録」刊行

本書は、序章で触れたように「孝子・忠勤褒賞」関連の史料から、当時の人びとの暮らしに迫ることを目的としている。本章では、その作業に入る前に、「孝子・忠勤褒賞」が大坂でどのように行われたかを見ていこう。

天明四〜七（一七八四〜七）年にかけて全国的に天明飢饉が襲い、天明七年五月から六月には江戸や大坂でも大規模な打ちこわしが起こった。江戸の打ちこわしは最終的な田沼派の一掃につながり、松平定信の老中主座への就任を実現させた。松平定信は、本百姓体制を再確立するための旧里帰農令（農村から江戸に流入した者を帰郷させる方策）や備荒貯《びこうちょ》穀《こく》（飢饉に備えた貯え米）を実施し、都市においても江戸では七分積金（各町の町入用を減らし、その七割を積み立てる措置）をもとに町会所を設置し、無宿を収容する人足寄場を設置するなど、次々と新たな政策を実施した。これらは寛政改革と呼ばれる。そこでは、秩序統制を図る一方で、さまざまな形で民衆教化を行おうとした。

その一環として定信は、寛政元（一七八九）年三月に、これまでに孝行・奇特として褒美を与えられた事例について、全国的な調査を命じた。幕府領、大名領などを問わず、褒賞された者の住所・氏名とその行状を書き出させ、二〜三年以内にまとめる心積りであった。定信は寛政五（一七九三）年に老中をやめるが、この事業は継続し、寛政一〇年五月には、寛政元年までの事例に加えて同二年より八・九年までの事例を取り調べ、書き上げることが命じられた。これらが国別にまとめられ、享和元（一八〇一）年には昌平坂学問所から『官刻孝義録』（図3-1）として出版されたのである*（菅野一九九九）。これを中心になって進めたのは、林大学頭《はやしだいがくのかみ》（述斎）と柴野栗山《しばのりつざん》、尾藤二洲《びとうにしゅう》、古河精里《こがせいり》らの儒者であった。その後も文化四（一八〇七）年、同七年にも書き出すことが命じられた。これらは未整理のまま置かれていたのが「続編孝義録料」として編集されたものの、刊行されることはなかった。

＊孝子伝や良民伝は、これ以前に刊行された『筑前国孝子良民伝』（福岡藩）を始め、同時期、引き続く時期に『阿淡孝子伝』（徳島藩）・『芸備孝義伝』（広島藩）・『肥後孝子伝』（熊本藩）・『備前孝子伝』（岡山藩）・『仙台孝義録』（仙台藩）などが諸藩で編集・刊行されていく。これらの動向に刺激を与えた意味でも全国的な『官刻孝義録』の編集・出版の意義は大きいと言えよう。

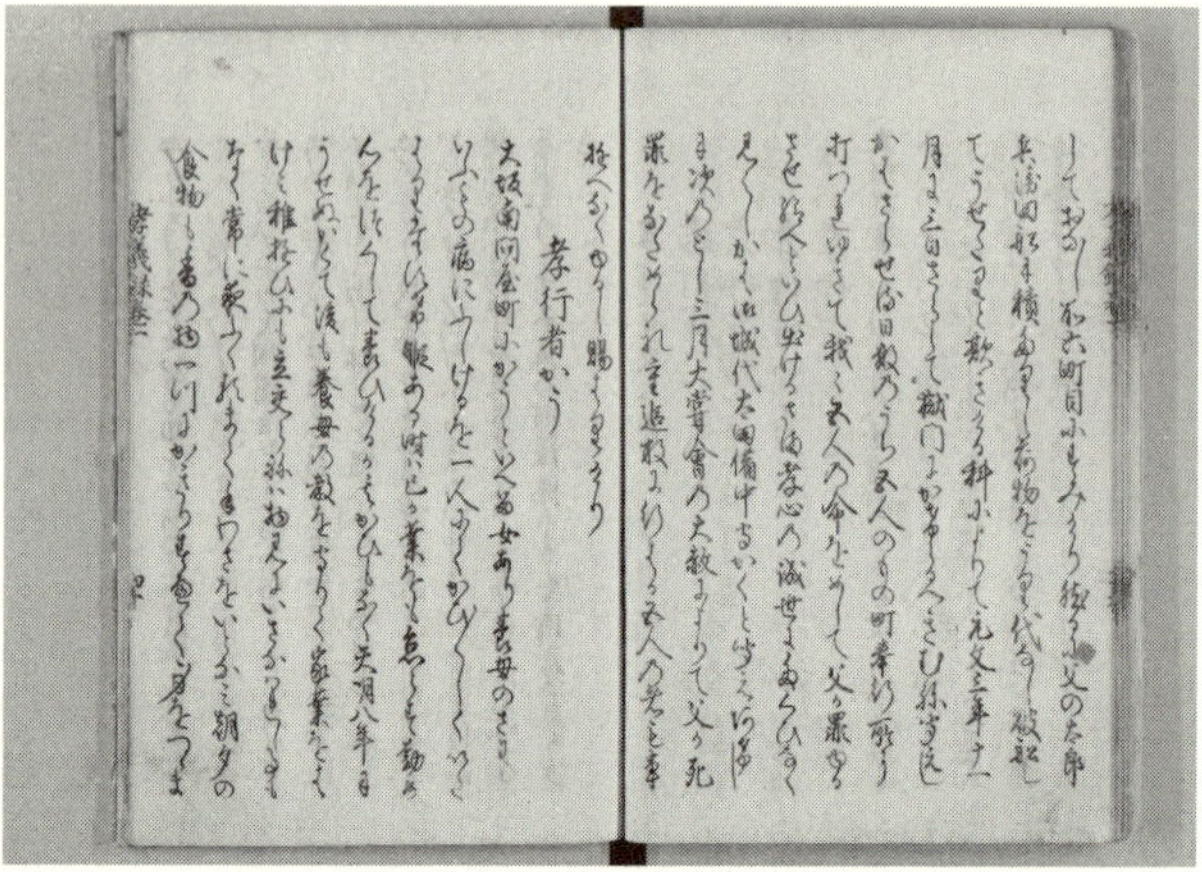

図3－1　官刻孝義録（国立国会図書館蔵）

『官刻孝義録』は、全五〇巻で八六〇〇件余が収録され、古いものでは慶長七（一六〇二）年のものがあるが、元禄期から増え始めるという。そこでの褒賞の「品目」（種類）としては、孝行・忠義・忠孝・貞節・兄弟睦・家内睦・一族睦・風俗宜・潔白・奇特・農業出精の一一種に整理されている。大坂を含む摂津国の分には、大坂市中や尼崎藩領などの七八人の事例が収録されている。

そのうち大坂市中の分には、元禄七（一六九四）年の七兵衛他三人の一件、元文四（一七三九）年の淡路屋長太郎他五人の一件、寛保三（一七四三）年の粉川屋伊兵衛、明和四（一七六七）年の淡路屋伊兵衛娘きよ、天明五（一七八五）年の大和屋熊次郎・馬之助兄弟、寛政二（一七九〇）年の大和屋宇兵衛娘こう、同年の播磨屋源兵衛他弟妹五人の一件が含まれている。このうち淡路屋長太郎らの一件と大和屋宇《（卯）》兵衛娘こう（序章で紹介した人物）の一件は行状も収録されている。この全国調査に対する大坂での対応とこれらの事例との関係を考えてみよう。そこから、この全国調査が大坂での褒賞の引き鉄《がね》になったことが浮かび上がってくるはずだ。

大坂町奉行所の対応

寛政元（一七八九）年三月に孝行・奇特の者の全国調査が命じられた半年ほど後、一〇月一〇日に大坂三郷に「前々より孝行、又ハ奇特成る義これ有り、褒美遣し候類、又は誉め置き候儀共、名前・年暦幷に其の行状認め差し出すべく候」と触れられた（以下、町触は『大阪市史』第三・四巻による）。大坂町奉行が江戸に報告するために町中に問い合わせたものであるが、一方で、大坂において孝子・忠勤の褒賞を推進する契機にもなったと思われる。翌年正月に大和屋卯兵衛養女のこう、四月に播磨屋源兵衛他弟妹五人の褒賞が行われたのである。『官刻孝義録』に収録されていたのは、この二例を含む全七件である。

ところで、大坂市中に褒賞が通達されたことが確認できるのは、天明五年の大和屋熊次郎兄弟の一件が最初である。*全国調査に収録された七件以外にも褒賞された者がいたかもしれないが、それは少数であり、少なくとも組織的ではなかった。褒賞事例の書き上げを命じた寛政元年一〇月の町触の二ヶ月後に行われたこうの一件は、組織的な孝子・忠勤褒賞の最初のものであった。なお、天明五年の大和屋熊次郎らの一件、そして寛政二年に組織的に始まる市中に通達された初期の事例は、褒賞が市中でも注目され、その行状を記した読み物や絵入の刷り物がいくつも出版されている。序章で紹介した『燈心屋孝女伝』はその一例である。

＊元禄七（一六九四）年九月一一日に、内容は不明だが、「親孝行成る者の事」という町触が出された。先の七兵衛たちに関するものである可能性もある。

後述するように、この後、大坂町奉行からの褒賞が多数行われ、それが褒賞理由も付して通達されるようになるのである。そのことは大坂町奉行所でも十分意識されていた。それは、寛政五（一七九三）年六月二一日に出された安易な「久離願《きゅうりねがい》」を戒める町触によく表れている。久離とは、身持ちの良くない子供が悪事・犯罪を犯すことを危惧して（つまりそれによる責任を問われることを恐れて）縁を切ることを意味するが、本来親や親類はそうした子供を教戒するべきであり、後難を恐れて安易に久離を願うことは認めないとしている。その町触のなかに、次のような文言がある。

（前略）父母親類の異見（意見）をも相用いず、我意に募り、ないがしろにいたし、子として親の歎きをかへりみず、剰《あまつさ》え難儀を掛け候義、甚だ不孝の至りに候、已《すで》に孝行の者これ有り候へは、是を称誉し、格別なるをば江戸表え言上に及び、御褒美下され候、右の通孝子を称美致すに付きては、不孝者其の儘捨て置くべきことにこれ無く候、（後略）

孝子の褒賞は、不孝者への教戒とセットで勧善を意図して行われていることがわかる。これによれば、孝行の者を称誉し、その中で格別な者には江戸に届けて褒美を下されたとある。この段階では大坂独自では誉め置くだけで、褒美は出されていなかったものと思われる。

†大坂の孝子・忠勤褒賞の動向

寛政元年の町触が出されて以降、大坂で行われた褒賞の動向をうかがっておこう。序章で引用したように、こうした孝子・忠勤褒賞は、大坂では市中に通達されたが、現在わかる限りでその件数を拾ったのが、表3－1である。市中に通達されたものとしては、天明五年の一件を先駆として、寛政二年から本格的に開始されるが、文化五（一八〇八）年までは年に一～三件で、一件も見られない年も一一ヶ年ある。文化六年から激増し始め、文

東町奉行	西町奉行	年号	西暦	通達回数［件数］	褒賞の月＊日と［件数］［　］のないものは１件										
		文政9	1826	1［2］	2＊［2］										
		文政10	1827	1	12＊26										
		文政11	1828	0											
	新見伊賀守④	文政12	1829	1	8＊5										
曽根日向守⑪		天保1	1830	9［17］	2＊3［2］	3＊20	5＊14［5］	6＊27	8＊25［2］	10＊4［2］	10＊10	12＊14	12＊24［2］		
	久世伊勢守⑩	天保2	1831	3［6］	3＊29［2］	7＊9［2］	8＊23［2］								
戸塚備前守⑥		天保3	1832	4［13］	1＊11［2］	3＊19	6＊1［2］	9＊25［8］							
	矢部駿河守⑦	天保4	1833	4［7］	1＊24	4＊12	8＊10	12＊14［4］							
大久保讃岐守⑦		天保5	1834	3［6］	4＊5［2］	4＊22	11＊28［3］								
		天保6	1835	6［15］	1＊21［2］	5＊16［3］	6＊15［5］	6＊18	8＊26［3］	11＊25					
跡部山城守④	堀伊賀守⑪	天保7	1836	4	4＊26	5＊7	8＊17	10＊9							
		天保8	1837	4［7］	2＊16［2］	7＊19	9＊1［2］	12＊16［2］							
		天保9	1838	1［3］	6＊14［3］										
徳山石見守⑨		天保10	1839	8［24］	4＊5［2］	5＊11［2］	6＊1［2］	7＊19	8＊2［4］	10＊2［8］	11＊2［3］	12＊11［2］			
		天保11	1840	11［35］	1＊29［4］	3＊18［2］	4＊16［5］	5＊8［3］	6＊1［5］	7＊11［2］	8＊15［3］	9＊3［2］	10＊6［2］	10＊29	11＊22［6］
	阿部遠江守⑥	天保12	1841	8［28］	1＊19［5］	6＊8	6＊24［7］	8＊30［2］	10＊1［7］	11＊2	11＊27［4］	12＊8			
水野若狭守⑧		天保13	1842	3［7］	2＊3	2＊28	4＊29［5］								
	久須美佐渡守③	天保14	1843	2	9＊1	u9＊25									
	永井能登守⑫	弘化1	1844	1	9＊29										
		弘化2	1845	2	1＊29	6＊25									
		弘化3	1846	1	5＊29										
柴田日向守⑨		弘化4	1847	2［3］	4＊29［2］	5＊27									
		嘉永1	1848	1［3］	6＊29［3］										
	中野石見守⑫	嘉永2	1849	1［3］	6＊29［3］										
	本多加賀守⑧	嘉永3	1850	2［8］	4＊29［4］	5＊28［4］									
川路左衛門尉⑥		嘉永4	1851	3［5］	4＊30	6＊1［3］	12＊26								
佐々木信濃守⑩	石谷因幡守⑤	嘉永5	1852	8［18］	2＊30	3＊7	4＊30［5］	5＊6［2］	5＊29［2］	8＊29	9＊30	10＊27［5］			
		嘉永6	1853	6［9］	1＊27	3＊30	6＊30	7＊29［3］	11＊25［2］	12＊22					
	川村対馬守⑤	安政1	1854	4	7＊2	7＊6	9＊29	10＊28							
	久須美佐渡守⑤	安政2	1855	2	7＊29	12＊2									
		安政3	1856	7［10］	3＊	4＊29［3］	5＊28	6＊6	8＊28［2］	9＊29	11＊27				
戸田伊豆守②		安政4	1857	6［10］	2＊29	4＊29	5＊29［2］	9＊30［4］	10＊28	11＊30					
一色山城守⑨		安政5	1858	5［6］	2＊30	4＊29［2］	5＊30	6＊27	12＊25						
		安政6	1859	3［5］	2＊18	2＊18［3］	7＊28								
		万延1	1860	2［6］	4＊29［3］	6＊29	12＊26［2］								
川村壱岐守①	鳥居越前守⑫	文久1	1861	3	2＊29	8＊28	9＊29								
		文久2	1862	1	7＊28										
有馬出雲守⑤	松平大隅守⑤	文久3	1863	1	5＊29										

表３－１　大坂町触に見れる孝子・忠勤褒賞件数（天明５～文久３年、『大阪市史』第３・４巻より作成）

東町奉行	西町奉行	年号	西暦	通達回数［件数］	褒賞の月＊日と［件数］［　］のないものは１件										
小田切土佐守	佐野備後守	天明5	1785	1	12＊13										
		天明6	1786	0											
	松平石見守⑩	天明7	1787	0											
		天明8	1788	0											
		寛政1	1789	0											
		寛政2	1790	2	1＊18	4＊5									
		寛政3	1791	0											
坂部能登守⑫		寛政4	1792	1［2］	5＊5［2］（自害止）										
		寛政5	1793	2［3］	2＊20［2］	5＊24									
		寛政6	1794	0											
山口丹波守⑦		寛政7	1795	3	1＊18	2＊19	8＊25								
		寛政8	1796	2	3＊7	8＊14									
	成瀬因幡守④	寛政9	1797	0											
水野若狭守③		寛政10	1798	0											
		寛政11	1799	0											
		寛政12	1800	0											
	佐久間備後守④	享和1	1801	0											
		享和2	1802	1	12＊28（親への切付けを防ぐ）										
		享和3	1803	0											
		文化1	1804	1	8＊6（塩飽）										
		文化2	1805	2	9＊3	11＊2									
平賀信濃守⑧		文化3	1806	0											
		文化4	1807	0											
	斎藤伯耆守⑧	文化5	1808	1	5＊8										
		文化6	1809	4［5］	5＊7［2］	6＊1	11＊13	12＊25							
		文化7	1810	7［8］	2＊8	4＊［2］	6＊1	6＊	8＊25	9＊1	12＊				
		文化8	1811	5［14］	3＊［4］	5＊［4］	7＊18［2］	10＊9［2］	＊［2］						
		文化9	1812	5［11］	4＊8［2］	6＊1［5］	7＊4［2］	7＊22	10＊10						
	水野因幡守⑫	文化10	1813	6［17］	4＊［4］	6＊1［6］	6＊7	10＊1［3］	11＊8［2］	12＊16					
		文化11	1814	1［5］	1＊5［5］										
	荒尾但馬守⑧	文化12	1815	2［13］	2＊22［12］	6＊7									
彦坂和泉守⑤		文化13	1816	2［8］	6＊1［5］	8＊14	12＊16［3］								
		文化14	1817	4［9］	4＊2	5＊29［4］	9＊16［3］	11＊2							
		文政1	1818	5［10］	4＊16	6＊1	8＊7	9＊［2］	12＊［5］						
		文政2	1819	3［12］	2＊	6＊1［10］	6＊29								
高井山城守⑪	内藤隼人正④	文政3	1820	5［17］	1＊［3］	3＊11［2］	6＊3［3］	6＊29［4］	9＊7［5］						
		文政4	1821	4［14］	1＊［4］	4＊［3］	6＊［3］	12＊［4］							
		文政5	1822	3［8］	閏1＊	6＊25	8＊［6］	9＊9							
		文政6	1823	3［13］	1＊7［7］	1＊［2］	7＊4［4］								
		文政7	1824	4［9］	1＊11［2］	2＊26	5＊26［5］	9＊							
		文政8	1825	4［8］	2＊24	3＊30［4］	7＊29［2］	12＊7							

化八〜一〇年には一〇件を越える。文政六（一八二三）年までは一〇件以上の年が多くあるが、その後、文政末までやや減少傾向を示す。しかし、天保元（一八三〇）年に一七件を数え、再び増加傾向を示し、天保一〇〜一二年にピークに達する。天保一〇（一八三九）年には二四件、同一一年には三五件、同一二年には二八件の褒賞が行われたのである。その後、少数ながら毎年行われたが、嘉永五（一八五二）年には一八件、安政三・四（一八五六・七）年には一〇件を越えるなど、嘉永から安政年間にはまた小さな山が見られる。

大坂における組織的で継続的な孝子・忠勤褒賞の始まりは寛政改革にあったが、以上のような件数の推移を見ると、寛政改革や天保改革の時期とはっきりとした対応が見られるというわけではない。褒賞件数の増減の理由は現在のところ、不詳である。*

＊文化四（一八〇七）年九月一四日に、孝心・奇特で褒賞された者の追加書出しを求める町触が出された。さらに文化五年閏六月一五日に『官刻孝義録』の売り出しを伝える町触が出されている。これらが件数増加の契機となった可能性もあろう。

表3-1で、網かけをしたものは江戸へ上申して、下知を受けて行われた褒賞である。これによると、文化五（一八〇八）年までに通達された事例はすべて江戸の下知を受けたものである。翌年からはほとんどが大坂限りで行われたものとなるが、文化九年までは一年に一〜二件の江戸からの下知を受けたものも含まれていた。しかし、四年を置いた文化

一三（一八一六）年に一件があった後は、安政元（一八五四）年に一件、安政三年に一件の二件のみしか確認されない。

江戸からの下知を受けた褒賞は、褒美が銀で出されているが、大坂限りの褒賞の褒美は銭で出されている。先に触れたように、寛政五年には褒美の出される褒賞はすべて江戸への上申を経ていたと思われるので、その後大坂限りの褒賞でも褒美が出されるようになったと思われる。文化二（一八〇五）年一一月に山家屋弥兵衛は江戸の下知を受けて褒賞され、褒美として銀五枚（二一五匁：金三両二分余）を受けたが、その理由書の中で、彼は前年四月に大坂町奉行から褒賞され、銭五貫文の褒美を貰った経緯が記されている。しかし、この褒賞は通達されていない。この頃には、大坂町奉行独自の褒賞にも褒美が出されるようになっていたことがわかる。文化六（一八〇九）年に至って、大坂町奉行独自の褒賞も通達されるようになったのであろう。それとともに、数年のうちに江戸まで上申して下知を受ける事例は極めて稀な手続きとなるのである。

†褒賞理由の説明

江戸の下知を受ける場合と大坂限りの場合では、褒美の種類（銀か銭か）だけでなく、通達の仕方にも違いがあった。大坂限りの褒賞を伝える通達には、褒賞理由がごく簡略な場合が多い。文化九（一八一二）年四月八日には両者が一緒に伝えられているので、違いを見ておこう（ⓐ江戸の下知を受ける場合／ⓑ大坂限りの場合）。

今日南組惣会所え通達町々年寄召し呼ばれ、惣年寄渡辺又兵衛殿、左の通仰せ渡され候、

ⓐ　口達

京橋弐丁目葛屋吉右衛門借家葛屋五兵衛、幼名市蔵と申し、谷町奈良屋清兵衛と申すものの悴《せがれ》にて、三歳の節清兵衛相果《あいは》て、相続相成り難く、先五兵衛儀は市蔵実母つね甥に付き、直に母子共先五兵衛方え引き取り候処《ところ》、

（中略：実父三才の時に死亡、母つねの親類五兵衛に同居、養子となる。養父は死亡、祖母は極老、養母さよは多病、養父母の実子平次郎は気むら、その中で毛綿鼻緒足袋の手職で生計維持。亡父の年忌も丁寧に行う）

（こうしたことが）神妙奇特に付き、此の度江戸表より御下知によつて、五兵衛え御褒美として銀五枚下され、養祖母え老養扶持として一日に米五合宛、一生の内下され候、

右の趣三郷町中孝養の励み、又は不所存ものの教戒にも相成るべき間《あいだ》、一統え申し聞

け置くべく候事、
（文化九年）申四月

ⓑ
天満金屋町
大塚屋善右衛門支配借屋
天満屋吉兵衛
其の方儀、養父母存生中孝心を竭し、家業に出情いたし候段、奇特成る儀に付き誉め置き、鳥目《ちょうもく》弐貫文下さる、
（文化九年申四月）

ⓐ葛屋五兵衛は江戸からの下知を受けて褒賞されたが、五兵衛の経歴と孝行の内容が詳しく説明されているのに対し、ⓑ天満屋吉兵衛は孝心を尽し、家業に出精したとだけあり、詳しい説明はまったくない。また、前者には、三郷町中の者たちの善行を勧め、不心得者を戒めるために伝えるようにとある。江戸の下知を受けた褒賞の通達には、言い回しは違ってもこのような教戒文言が付されるのがふつうである。

ⓑの大坂独自の褒賞の場合、初めの時期には、これ以外もごく短い説明がほとんどであ

る（数行ほどの事情説明がある場合も含まれていた）。ところが天保改革（天保一二〜一四〈一八四一〜四三〉年）の頃にやや説明が詳しくなる。その意味では、天保改革が影響を与えているのかもしれない。しかし、天保改革の終了後もその状況は継続し、嘉永年間（一八四八〜）からはいずれも詳細な褒賞理由の説明が付されるようになる。

江戸からの下知を受けた褒賞や大坂独自の褒賞でも詳細な説明の付された事例からは、都市大坂で生きた庶民の生活の諸相を垣間見ることができる。こうした庶民の生活をうかがうことができる史料はとても少ないため、きわめて貴重な史料ということができる。だが、それをうかがう前にもう少し褒賞に関する周辺事情を見ておこう。

†孝子・忠勤以外の褒賞の動向

『官刻孝義録』は、多様な褒賞事例を集め、それを一一種類に分けて編集していた。大坂においても、実は多様な褒賞が行われ、それが市中に通達されていた。

先行研究を参照して、孝子・忠勤褒賞以外の褒賞を含めた全体的動向を、表3－2に示してみた。この表は、孝子、貞婦、忠勤、善行、盗賊捕縛《ほばく》、精勤町年寄に分けて、それぞれの褒賞の五年毎の件数を一覧にしている。孝子は親孝行な子供、貞婦は夫に貞節な女房、忠勤は奉公先の主人に精勤した奉公人であるが、『大阪市史』でこれらが区別され、それが先行研究でも踏襲されている。

　次章以降で見ていくように、孝子と忠勤は区別して特徴を窺うことに意味があると思われるので、区別している。しかし、忠勤とされた者も自分の親に孝行したという経歴が記

表3－2　褒賞の全体的動向

	孝子／件	貞婦／件	忠勤／件	善行／件	盗賊捕縛／件	精勤町年寄／人
1785～	1	0	0	0	0	0
1790～	6	0	1	1	0	0
1795～	2	0	3	0	0	0
1800～	0	0	0	0	2	0
1805～	7	0	1	1	1	0
1810～	48	2	6	0	1	5
1815～	43	0	10	1	0	11
1820～	46	0	15	1	15	47
1825～	8	0	4	3	14	3
1830～	34	1	16	1	49	23
1835～	37	1	15	28	37	22
1840～	50	6	17	16	20	18
1845～	4	4	4	37	23	8
1850～	27	3	13	39	23	17
1855～	15	5	12	18	19	25
1860～	6	2	3	12	22	11
1865～67	0	0	0	1	2	6

されているものも多く、また貞婦とされた者が親孝行であることは普通である。それ故、この区分は便宜的ではあるが、おおよその動向をうかがうことは可能であろう。また、それ以外の褒賞についても、数え方が難しい点があり、この点でもおおよその傾向をうかがうものであることを付言しておきたい。

一八世紀末から一九世紀にかけて、「孝子」と「忠勤」が並んで登場し、ほぼ同じような動向をたどるが、両者あわせて全体で四八〇件余りのうち、忠勤は四分の一以下である。しかし、件数の多い時期を見ると、一八一〇～二四年の間は、孝子一三七に対し、忠勤三一であるが、一方、一八三〇～四四年の間は、孝子一二一に対し、忠勤四八であり、天保期（一八三〇～三四年）には忠勤の比重が高くなることが注目される。

続いて、文化期末から町年寄などが職務に精励したこと（「役儀出精」）に対する褒賞が見られるようになり、文政前半期には四七人と突出する。天保期にも多数の事例が見られるが、一八五〇年代以降も多数の褒賞が続くことが特徴である。文政期半ばから盗賊捕縛に尽力した者に対する褒賞が出てくるが、天保期に激増し、幕末まで多数の事例が持続する。表3－2で「善行」とされているものは、多くが安治川口などで、船が難破した際の人命救助（「難船救助」）に尽力したものである。この難船救助は、天保期半ばから大量に見られるようになるのである。

このように、孝子・忠勤、役儀出精、盗賊捕縛、難船救助が時代順で登場し、激増したのである。なお、盗賊捕縛と難船救助は一件で数十人に及ぶことがあり、人数的には膨大である。何故、この二つの褒賞が繰り返されたかは検討を要する。おそらく、盗賊捕縛についての褒賞が激増する背景には、盗賊の横行があり、治安の統制を図る必要があったものと思われる。また、町年寄の精勤を褒賞する意図は、同じく「町」という住民生活の基礎組織を通して社会秩序の再建を図ろうとするものだったのではなかろうか。ともあれ、このことはまた後で振り返ることにしよう。

†褒賞の前と後

孝子・忠勤褒賞は市中に通達されたが、そこからは褒賞に至る手続きや褒賞後にどういうことがあったかはわからない。しかし、御池通五丁目の「小林家文書」(大阪市立中央図書館蔵)のなかに、それをうかがうことができるものがあるので、褒賞の前後の事情を確認しておこう。

安政三(一八五六)年六月五日に、御池通五丁目の墨屋和平の下女いその忠勤に対する褒賞が行われた。これは、江戸へ上申された上で、その下知を受けた安政年間の数少ない一例であり、褒美として銀五枚が下されている。江戸からの下知を受けた事例の例にもれず、「右の趣、三郷町中の者共、教戒のためとも相成るべき間、一同へ申し聞け置くべく候事」とされている。いそは四年前に墨屋を営む墨屋和平（七一～二歳）のところに奉公するが、和平はその前年から中風《ちゅうぶ》（脳出血などが原因の半身不随の症状）を患っていた。三年前からその倅和助（三一～二歳）も中風となり、妹ふさ（二七～八歳）・ちう（ちゅう）（二三～四歳）も眼病で盲目同然となる。こうした中で、いそが看病から商売向きまで一人で引き受けて献身的に働いたということで褒賞されたのである。

この褒賞に先立つ安政三年四月四日に、御池通五丁目の年寄瀬戸屋九蔵と和平の五人組河内屋重右衛門からいその行状について口上書を提出している。この口上書は、町奉行所からの「御尋ね」を受けて提出されているので、それ以前に何らかの情報が町奉行所に届いていると思われる。寛政二（一七九〇）年のこうの褒賞を詳しく伝える『燈心屋孝女伝』では、「年寄山口屋何某、殊に奇特のおもひをなし、彼《か》のお幸が事跡を委しく御上様え申上けるに、段々御聞き糺し有りて」褒賞が行われたとある。おそらく、いその場合も、町内からの推薦がまずあって、行状御尋ねが行われたのであろう。*

*天保一三（一八四二）年七月に雛屋町の年寄に就任した天満屋六治郎が、就任直後の二六日に惣会所に召し出され、惣年寄野里四郎三郎から「丁内替り事これ無き哉、孝心・忠義その外表向き申し難き義これ有り候は、遠慮無く申し上げべき」ように言われたと「丁内諸用記」（大

阪歴史博物館蔵）にメモしている。町年寄に、こうした孝子・忠勤の上申が求められていたことがわかる。

四月四日の口上書を西町奉行所与力山本善之助に提出した時に、墨屋和平といそに対して町内から気を配るように言われている。この内容を踏まえて、江戸へ上申が行われ、褒賞すべしとの下知が出され、六月五日の褒賞となったのである。その日は、東町奉行所にいそと町年寄と（墨屋の）五人組が召し出され、お褒めの上、褒美銀五枚が下された。この後、両町奉行所と御池通五丁目が属する天満組惣年寄へもお礼に回っている。この時、惣年寄中からも銭二貫文を下された。この件が、市中に通達されたのは翌日の六月六日であった。

この後、続々とお祝いが寄せられる。町年寄瀬戸屋九蔵から銭五貫文、町内の家持たち（「町人中」）から銭一五貫文、隣家中から銭三貫文、その他大勢からお祝いが届いた。その中には、町内の家持個人もいれば、御池通一～六丁目の町代も含まれていた。墨屋和平の借屋人たちも鏡台を贈った。大坂の不二道の講組織（富士山信仰のグループ）や心学の講舎かと思われるものもあり、廻船の船頭や遠くは播州明石の者もいた。全体で七〇余りの人や集団からお祝いが寄せられ（図3‐2）、その全体は次の通りであった。

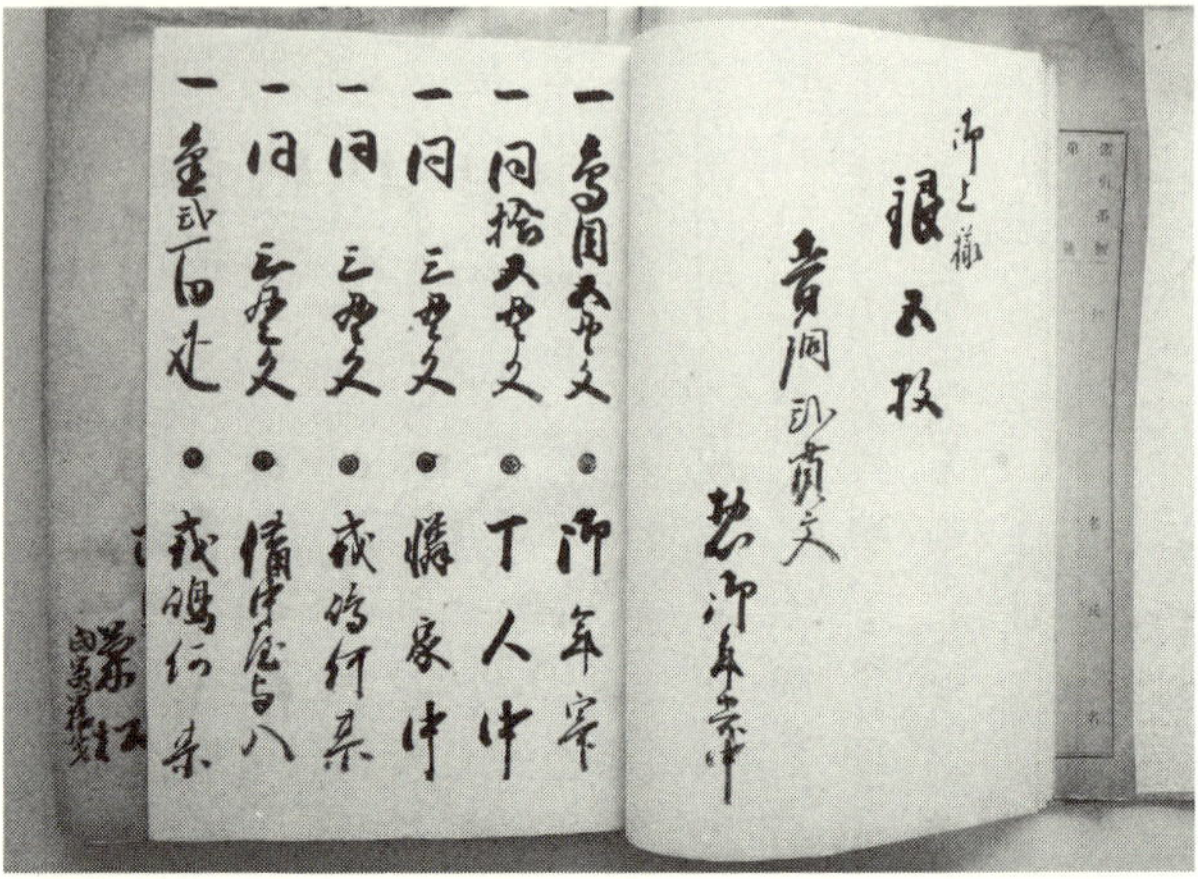

図3－2　各所よりの御祝金品（「小林家文書」大阪市立中央図書館蔵）

・金五両一歩三朱　・銀二九六匁七分　・銭三一貫文　・当一二〇枚（当百銭か？）
・反物　六反　・紬縞　壱丈　・鏡台　壱ツ（ただし鏡添）　・針指　壱ツ　・蒲鉾　三枚

これらは町内に寄せられ、墨屋和平、墨屋庄七、いその親である備中屋与八といそ本人の四人が町内から受け取っている。なお、墨屋庄七は金五〇疋《ぴき》、備中屋与八は銭三貫文をお祝いとして寄せてもいる。与八が親としていそを補佐する立場であることを考えると、おそらく墨屋庄七は和平を補佐する立場にある親類であろうか。

この事例を念頭において考えると、どの褒賞においても詳細な調査（行状御尋ね）があり、褒賞が行われたものと考えられる。また、褒賞を受ければ、町奉行所から下される褒美だけでなく、それをお祝いする金品が多く寄せられたであろう。こうしたことは現代の叙勲や褒章の場合とも通じるものと思われる。

†大坂独自の褒賞の場合

墨屋和平下女いその場合は、江戸に上申され下知を受けた褒賞であった。文化・文政期に多数見られる大坂独自の褒賞の場合、孝行とか忠勤とか、ごく簡略な理由が付されるにすぎなかった。その場合も、詳細な調査の上で褒賞が行われたのであろうか。そのことが窺われる事例が一つある。

文化一〇（一八一三）年一〇月一一日に梶木町の三井治郎右衛門の借屋の家守を勤める越後屋助右衛門の倅平蔵が褒賞されているが、その時の通達では「其の方儀、父母え孝心いたし候段、奇特成る義に付き、誉め置き、鳥目三貫文下さる」とだけ伝えられている（鳥目は銭のこと）。梶木町の家屋敷は、越後屋三井の大元方が管理する抱屋敷の内の一ヶ所で、三井治郎右衛門の名義となっている。そこの家守は別家の越後屋助右衛門が勤めていたのである。

これについては、三井家に残された「本店退役辻井助右衛門倅平蔵儀、母え孝心の趣、御公儀様え御聞きに達し、梶木町え御尋ねに付き、丁内より差上げ候書付の写し」が『大阪市史』に引用されている。その口上書は、褒賞の四ヶ月前の六月七日に梶木町の年寄天王寺屋伊右衛門から惣年寄宛に出されている。それによると、平蔵は一三歳である。父助右衛門は古道具商売をしていたが、女房いそは一〇年前に平蔵の妹を出産後に、「乱気」（精神的な病気）となり、七年前にもう一人の妹を出産したのち、乱気が悪化し、助右衛門は商売向きで忙しく世話が行届かなかったので、一〇歳のころから平蔵が母と妹たちの世話をしていたことが詳細に記されている。

こうした口上書からは、ほんの一行の理由書の背後で詳細な行状調査が行われたうえで褒賞が行われたことが窺えるのである。次章からは、このような形で行われた孝子・忠勤褒賞の事例から江戸時代後期の大坂の人びとの暮らしの様子を具体的に見ていくことにしたい。

第四章　孝子褒賞——褒賞のパターンと条件❶

†褒賞にはパターンがある

本章からは、孝子や忠勤の褒賞の具体的な内容に立ち入って見ていこう。

江戸時代後期の大坂で数多く行われた孝子褒賞や忠勤褒賞は、それぞれが各個人の個性的な経験に基づくものである。一方で、多数の事例を見ていくと、その中に共通するパターンが見てとれる。こうした褒賞のパターンには、当時の庶民の生活の特徴が反映されており、都市社会の状況を窺うことができる。まず、この褒賞のパターンを整理してみよう。

それを考えるために、詳細な褒賞理由の説明がある江戸の下知を受けた褒賞について、孝子褒賞と忠勤褒賞に分けて一覧にしてみた（表4-1・5-1、これらの事例の褒賞を受けた者の居住町は図4-1に示した）。前章では、両者を区別せずに件数の推移を見た。実際は、忠勤とされた者が親孝行なことを褒められていることもあり、截然と区別すること

パターン	内容	備考
Ⅰ	父病死・家職の籠細工	右の趣三郷町中末々に至る迄一統承知仕り、孝行尽し、夫婦を始め諸親類にしたしく、家業を懈なく、主人有る輩は奉公に情を出し、所々に掛置き候高札の趣相守るべく候書付、町々役人共常々も心を付け、丁内右体孝心奇特の者これ有らは、得と其の様子相糺し、紛れ無きに於いては其の旨訴え出べき事に候、若等閑に致し置き、訴え出ざるに於いては、役人不念為るべく候、
Ⅰ	養父病死／燈心職／13歳の時（2年前）養母も患い、1年前に死亡／丁重な弔い（名前人は？）	右の趣三郷町中末々までも一同申し聞け置くべく候事、
Ⅰ	源兵衛15歳で家名相続／母はつ9年前中風、看病／綿実の挽売商売／源兵衛、妻を迎えず、兄弟仲よく（源兵衛の年齢は他の史料では31歳とある）	右は已後一同励みのため、且町家の者共へ勧善の教諭にも相成るべき間、町中へ申し聞け置くべく候事、
—	父が商いで留守の夜、母はつの自害を止める	（忠勤1と一括）
Ⅰ	古綿打ちの父9年前に死／母いそ7年前より病気、看病／兄弟仲よく、家職精出し、買掛なし／町内より心付固辞（明和7より町内での転宅）	（孝子6と一括）
Ⅰ	父縫職、10年前より眼病／母くに大病の看病、その病死／15歳より提灯張と夜番（25，6年前町内での転宅）	右之趣、三郷町中末々迄申し聞け、不孝不忠の者共への教誡に致すべく候、
Ⅰ	父塩魚青物雑菓子類小売、5年前秋より病気（健忘症）／母去年より病気（浮腫脹満）、看病／12歳頃より父の看病、子供手遊びの品細工、銭さしない、兄妹仲よく	右之趣、三郷町中末々迄申し聞け、不孝不実の者共への教戒に致すべく候、
Ⅰ	亡父勘平煙草入縫職、2年前56歳で中風死、弔い・法事／母いそ病身、その頃悪化／与三松通い下人奉公／かね11歳より毛綿絞括／隣家・町内懇意	右之趣、三郷町中末々の者、孝心家職の励みにも相成るべく候間、一同申し聞け置くべく候事、
Ⅰ	何度も転宅、火災／亡父源七日雇働（8年前病気）、弔い・道心者／母きよ（14、5年前眼病）／婿養子離縁、内縁別離、毛綿絞手業／隣家・家主町内一同の評判	右之趣、三郷町中末々迄申し聞け、不孝不実の者共の教戒に致すべく候、
—	無宿利助によって、親善七切り殺される／助けようとして所々に手疵	

表4－1　孝子褒賞（江戸よりの下知にもとづくもの）

No.		年号月日	住所	家主	名前	年齢	
①	1785	天明5年12月13日	天満岩井町	伏見屋半七借屋	大和屋熊次郎 弟馬之助	14 10	銀20枚 銀10枚
②	1790	寛政2年1月18日	南問屋町	荒物屋甚兵衛借屋	大和屋卯兵衛養女かう	15	白銀20枚
③	1790	寛政2年4月5日	天満一丁目	（家持）	播磨屋源兵衛 妹むめ 弟大吉 妹とめ 弟源蔵 妹かね	36 29 26 24 22 20	銀20枚 他5人で銀10枚
④	1792	寛政4年5月5日	天満南木幡町	銅屋嘉介借屋	常陸屋治右衛門娘みよ	9	銀3枚
⑤	1793	寛政5年2月20日	西高津新地九丁目	備前屋喜右衛門借屋	河内屋喜八 弟吉松	22 18	白銀7枚 白銀5枚
⑥	1793	寛政5年2月20日	酒辺町	大和屋吉右衛門借屋	大和屋宇兵衛同家 倅源兵衛	23	銀7枚
⑦	1793	寛政5年5月24日	立半町	境屋長兵衛支配借屋	尼崎屋市郎兵衛同家 倅亀市 娘みよ	16 11	銀7枚 銀5枚
⑧	1795	寛政7年1月18日	幸町五丁目	奥川屋孫次郎支配借屋	阿波屋与三松同居 妹かね	15	白銀20枚（老年ではないが母へ扶助米1日5合）
⑨	1796	寛政8年3月7日	南堀江三丁目	鉄屋正蔵支配借屋	河内屋次郎吉同居 母ゆき	22	銀10枚
⑩	1802	享和2年12月28日	茨木町	（家持）	播磨屋善七同居 倅茂吉	11	銀3枚

Ⅱ	養父平三郎は母に孝／20年ほど前夫婦で養子になり、平右衛門は船稼ぎ、せんは農業織物、平吉13歳より水主、18歳で沖船頭に／平三郎の病中看病、10年前死亡の際の弔い／5年前に追善の四国遍路	右の趣三郷町中末々の者共勧善のため、洩れざる様申し聞けべく候事、
Ⅱ	（文化1,4に誉め置鳥目5貫文）／父空心町で葛商売、50年前板橋町へ／不如意、鍛冶職に／父病死、母6，7年前より病気、今年70歳で死、弔い／貸布団、町内広嶋屋喜八の親切	右之趣、三郷町中へ不孝不実の者ども教戒にも相成るべく候間、一同へ申し聞け置くべき事、
Ⅰ	父一丁目で髪結、7年前病気、5年前病死／7年前13歳で見習い、5年前3丁目に移り髪結、夜は硝子細工物辻店／母病気の看病・全快、祖母盲目79歳で死・弔い、姉病死	右之趣、三郷町中不孝不実のもの共教戒にも相成るべき間、一同え申し聞け置くべく候事、
Ⅰ	富家の妾腹、養父は離縁に／養祖母按腹渡世、養母4年前病気から死に、組糸・提灯の下職、しへ箒、町内小使／たびたび転宅／家持の実家相続も断る	右之趣、三郷町中孝養の励み、又は不所存ものの教戒にも相成るべき間、一同え申し聞け置くべく候事、
Ⅰ	20年前町内夜番の父死、成人後夜番とする町内の約束／10歳より見習い、会所屋敷の掃除、町内小使・町人他行の御供、隙には籠細工下駄職／母いよ大病、姉いさ病死、たみ縁付、妹まつ奉公／年忌・道心者	右之趣、三郷町中孝養幷に所行励みのため、又は不所存ものの教戒にも相成るべく候間、一同え申し聞け置くべく候事、
Ⅰ	父庄助21年前死（この時あさ15・せう4）／母13年前より気むら、あさに婿養子、三人の子供・婿とも病死／縫仕事洗濯、6年前清次郎を養子	右之趣、三郷町中孝養の励み、又は不所存者の教戒にもこれ有る間、一同え申し聞け置くべく候事、
Ⅱ	実父3歳時に死、母つねの親類五兵衛に同居・養子となる／5年前養父死亡、家名を相続／祖母極老、養母さよ多病、実子平次郎は気むら／毛綿鼻緒足袋手職を出精／年忌／独身	右之趣、三郷町中孝養の励み、又は不所存ものの教戒にも相成るべき間、一統え申し聞け置くべく候事、
Ⅱ	父高津屋新左衛門娘22歳で丈助と結婚、丈助は働渡世／老父母を引き取り、くみは縫仕事洗濯／父28年前死、夫8年前死、倅徳兵衛去年死／養子寅蔵を名前人に（養育は実父母方）／年回忌日、転宅	右之趣、三郷町中孝養の励み、又は不所存者の教戒にも相成るべく間、一同え申し聞け置くべき事、
Ⅰ	父民助、堂嶋新地中二丁目で経師職、母と妹2人／母とく、盲目となった後、末の妹出産（その時とらは13歳）／民助、癇症で家業は職人雇用／その後再発で自殺を図る、近所で治療費借用するが返済（身売奉公も厭わずと依頼）／看病・世話	右之趣、三郷町中不孝不実のもの共教戒にも相成るべく候間、一同へ申し聞け置くべく候事、

⑪	1804	文化元年8月6日	塩飽嶋牛島	（百姓）	平右衛門 女房せん 倅平吉	51 48 20	銀20枚
⑫	1805	文化2年11月2日	天満板橋町	嶋屋藤兵衛借屋	山家屋弥兵衛	—	白銀5枚
⑬	1808	文化5年5月8日	油町三丁目	布屋徳兵衛借屋	丹波屋与八	20	白銀7枚
⑭	1809	文化6年11月13日	西高津新地九丁目	小町屋卯兵衛借屋	樋口屋勇蔵	17	銀5枚（養祖母へ1日5合の老養扶持）
⑮	1810	文化7年2月8日	天満七丁目	池田屋三郎兵衛借屋	綿屋市兵衛	27	銀7枚（祖母もん88歳へ1日5合の老養扶持）
⑯	1810	文化7年8月25日	谷町三丁目	袴屋藤兵衛借屋	大黒屋清次郎養母あさ 妹せう	35 24	銀5枚 銀3枚
⑰	1812	文化9年4月8日	京橋二丁目	葛屋吉右衛門借屋	葛屋五兵衛	—	銀5枚（養祖母へ1日5合の老養扶持）
⑱	1812	文化9年7月22日	道修町四丁目	綿屋弥左衛門支配借屋	綿屋寅蔵同居くみ	60？ほど	銀5枚（実母貞寿100歳に手当米10俵と1日5合の老養扶持）
⑲	1854	安政元年7月6日	二本松町	又兵衛支配借屋	民助同居娘とら	20？ほど	銀7枚

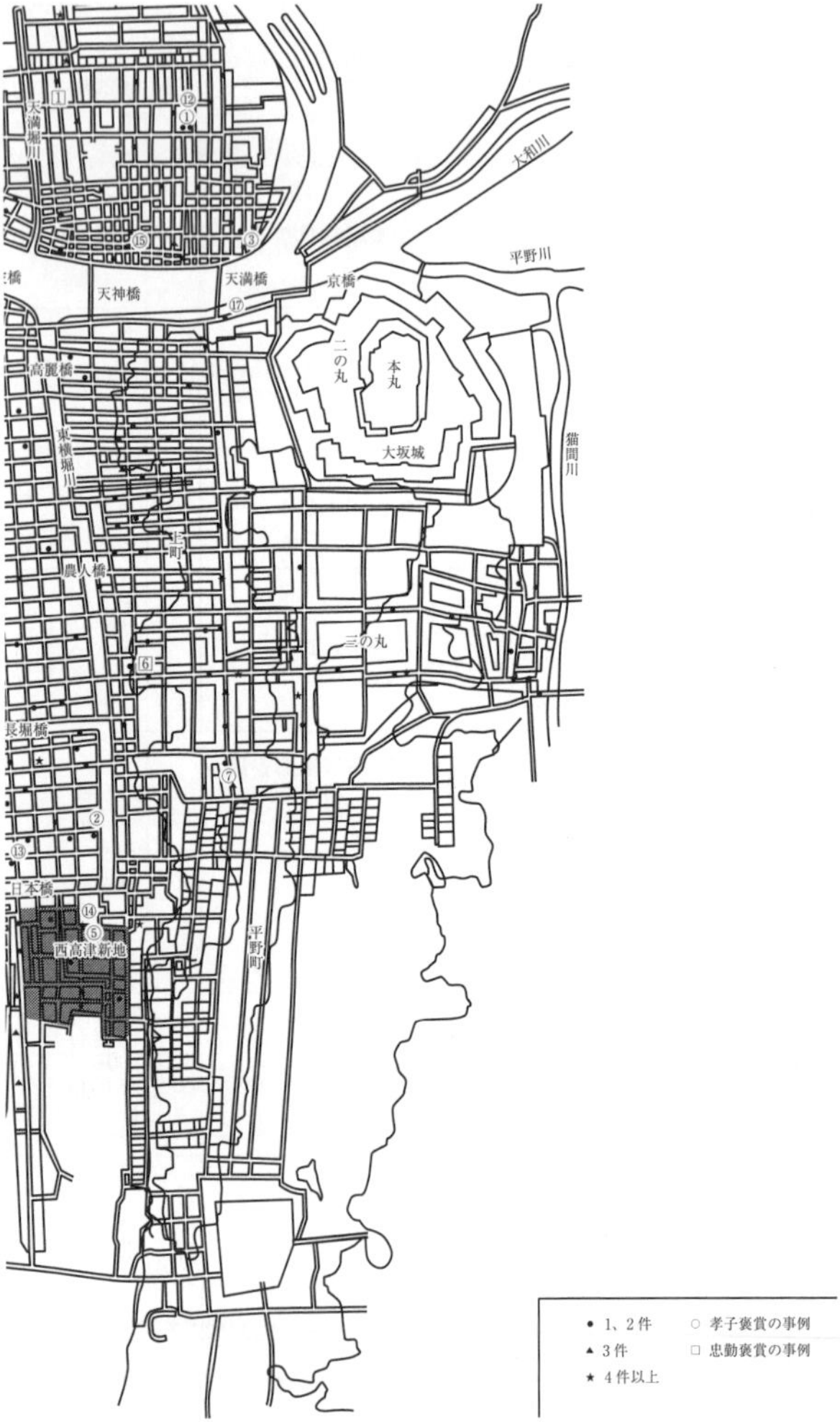
天満堀川
天神橋
天満橋
京橋
大和川
平野川
二の丸
本丸
大坂城
猫間川
高麗橋
東横堀川
上町
農人橋
三の丸
長堀橋
日本橋
西高津新地
平野町
● 1、2件
▲ 3件
★ 4件以上
○ 孝子褒賞の事例
□ 忠勤褒賞の事例

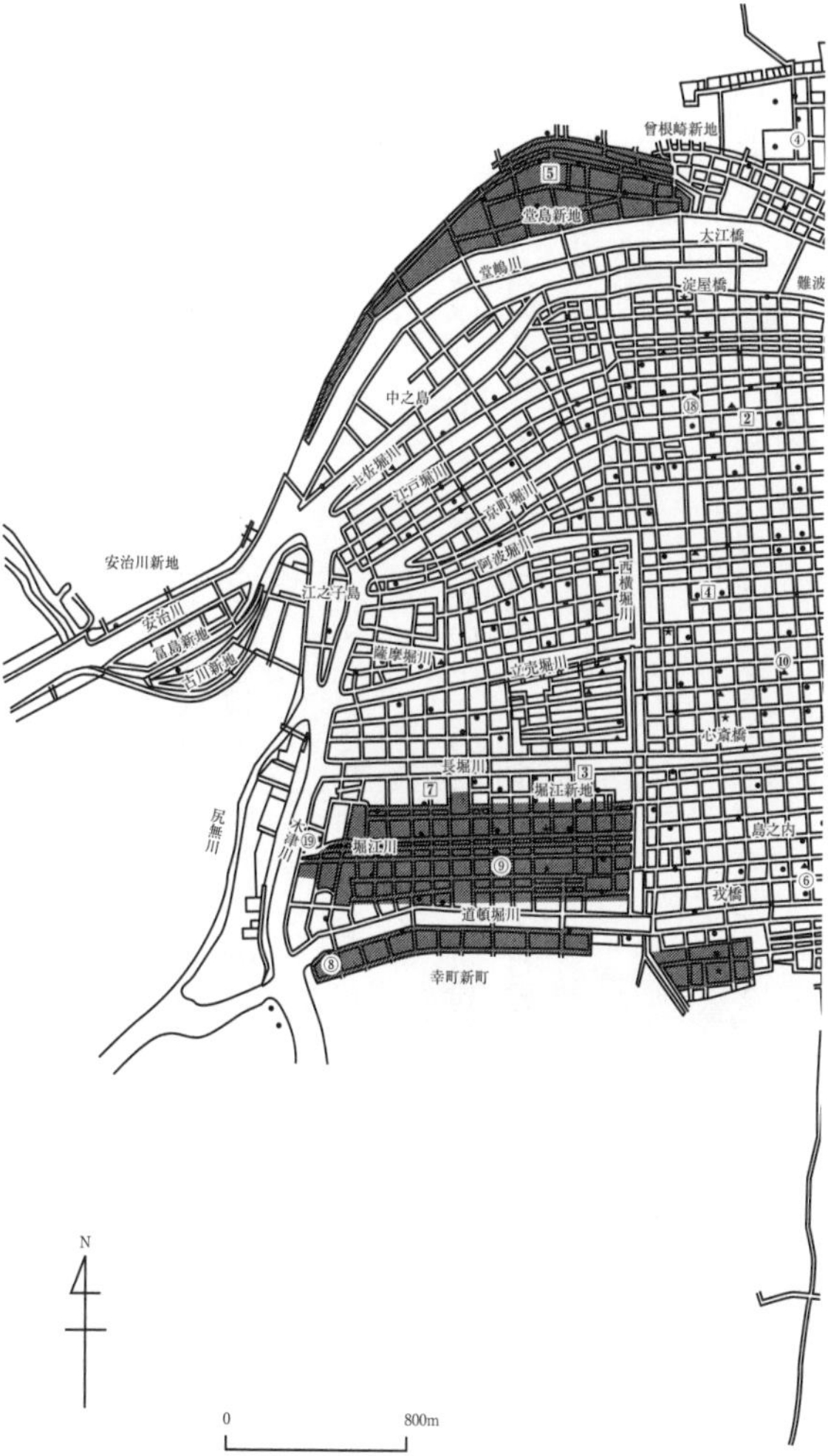

図４－１　孝子・褒賞事例の分布図（高橋康夫・吉田伸之編『日本都市史入門Ｉ　空間』東京大学出版会、1989をもとに作図）

はできない。しかし、そのパターンを見るために、ここではあえて区別して整理した。忠勤褒賞の事例が少ないのは、事例の全体数の反映である。

孝子褒賞については、次の二つのパターンを見出すことができる。

パターンⅠ　幼少時に親の病気・死亡などで過酷な状況に陥りながら孝行する場合

パターンⅡ　生活困難な状況の中で老親を抱え、献身的に孝行する場合

忠勤褒賞については、次の三つのパターンに整理できる。

パターンⅰ　奉公のスタート↓奉公先の主人の家の困難↓再建に尽力する場合

ⅱ　奉公のスタート↓奉公先の主人の家の困難↓再建できなくてもどこまでも支える場合

（ⅲ　別家手代など）

忠勤褒賞については、次章で考えることにして、本章ではまず孝子褒賞について見ていくことにしよう。

†孝子褒賞のパターン

表4-1のうち、④と⑩は親の自殺もしくは殺害をわが身を顧みず、止めようとしたしたものであり、ここでのパターンⅠ・Ⅱとは異質であり、当時の孝行とされる思考の一面を考えるうえで興味深いが、孝行の事例としてはこの後出てこず、一般的なケースではない。⑪は大坂の事例ではなく、塩飽嶋《しあくじま》の事例が大坂市中に通達されたものである。これは大坂町奉行が、当時兵庫と塩飽嶋を管轄していたため、取られた措置であるが、大坂三郷に通達されているので参考に含めたい。

さて、表4-1のパターンの欄を見ると、当初は、幼少時に過酷な状況に陥りながら懸命な孝行に努めるパターンⅠの事例ばかりであり、数も多い。序章で紹介した孝女こうも、その一例であるが、まずもって孝子と見做される中核はパターンⅠであったと考えられる。一方で、老齢の親を抱えて献身的に尽くすパターンⅡも先の塩飽嶋の事例などが見られるようになるが、Ⅰと比べると数は少ない。しかし、⑭の樋口屋勇蔵（一七歳）の事例は養祖母の面倒を見ており、パターンⅠとⅡの両方の側面を見てとれる。パターンⅠとⅡも截然と区切れるわけではないが、大局的には両パターンを見出しうるのである。

以下、それぞれのパターンの事例を具体的に見ていこう。

†河内屋次郎吉同居の母ゆきの事例――パターンI

先に触れたように孝女こうのケース（表4－1②）も、幼少時に（養）親の病気・死亡などで過酷な状況に陥りながら孝行するパターンIの事例であるが、寛政八（一七九六）年三月七日に褒賞されたゆき（二二歳）の事例（表4－1⑨）は、より詳細に経緯が記されている。まず、パターンIの具体例を示すものとして、この事例を紹介しよう。

ゆきは、南堀江三丁目の鉄屋正蔵支配借屋に居住する河内屋次郎吉の同居の母という肩書になっている。鉄屋正蔵「支配借屋」とあるのは、正蔵の管理する借屋という意味であり、正蔵は自身が家持ではなく、不在家持に代わって家守を勤める立場である。

ゆきの事例に登場する人たちの関係を図4－2に示した。次に、内容の概略を箇条書きでまとめておこう。

◎父源七は、かつて南堀江二丁目の播磨屋九兵衛借屋（この場合は、播磨屋九兵衛が家持）に居住し、日雇い働き渡世で、女房きよと娘ゆきの三人で暮らしていた。

◎母きよが一四年前（天明四年）より眼病を煩い、幼いゆきが家事を助けながら介抱した。その後母きよの眼病は回復し、妹とくを出産する。

◎八年前（寛政元年）、父源七が脹満《ちょうまん》の病（腹中に液体やガスが溜り、腹の膨れる病気）に罹り、産後の心労からか母きよの眼病も悪化した。ゆきは両親の介抱と幼少のとくの育児に努め、懇意の者に頼んで縫仕事洗濯物を引き受け、その賃銭で家計を支えた。

◎六年前（寛政三年）一〇月の火事で被災。ゆきは、歩けない父源七をおぶり、目の不自由な母きよにとくをおぶらせ、父源七の帯に手を掛けさせて逃げのびた。居宅・家財とも丸焼けのため、懇意の者の所で世話になっていたが、幸町三丁目淡路屋武兵衛借屋に転宅する。

◎寛政三年一二月、きよに対するゆきの孝心に感謝しつつ父源七が死去。ゆきは気を取り直し、旦那寺実相寺を頼み葬礼を行い、逮夜《たいや》（葬式前夜）には「心易き道心者」を頼んで回向してもらった。一周忌・三回忌も同じような手厚い供養を行った。

◎寛政四年一一月、貧苦の様子を見兼ねた縁家・懇意の者が伝兵衛をゆきの聟養子に世話した。この頃、南堀江三丁目の鉄屋正蔵支配借屋へ引っ越す。しかし、伝兵衛は湿病（リウマチか？）で渡世成り難く、翌年二月に離縁する。

◎寛政五年八月、再び見兼ねた懇意の者の世話で、ゆきに入夫の約束で伊右衛門が世話することになり、翌年九月ゆきが次郎吉を出産。しかし、伊右衛門が商いで損銀を出し、身上不如意《ふにょい》となり世話できないため、一生不通の約束で、次郎吉を引き取って別れる。

◎ゆきは、昼は縫仕事洗濯に雇われ、夜は帆毛綿《ほもめん》（帆布用の丈夫な木綿布、二枚重ねて刺し糸で補強して用いる）を刺して家計を支え、病気の母にも心を配った。次郎吉を養育し、妹のとくにも毛綿絞り（絞り染めのための作業）の手業を教えた。

◎「隣家幷《ならび》に家主丁内の者共」もゆきの「孝心を尽し、手業情(精)出し、家賃滞納は勿論、買掛り借銀等もこれ無く候段、奇特成る者に候旨」を見聞し、感心している。

そして末尾は、「右の趣、江戸表へ申し上げ候処、御褒美としてゆきへ銀拾枚下し置かれる旨、御下知これ有り候事」と結ばれている。

以上であるが、注目点には傍線を引いた。そのことの持つ意味は後で必要に応じて言及する。ゆきは一〇歳にもならない幼い時期から、病気の父母の看病に努め、懸命に家計を支えながら、死亡した父の供養を手厚く行った。二度の結婚話もうまくいかず、三歳のわが子次郎吉を名前人として、

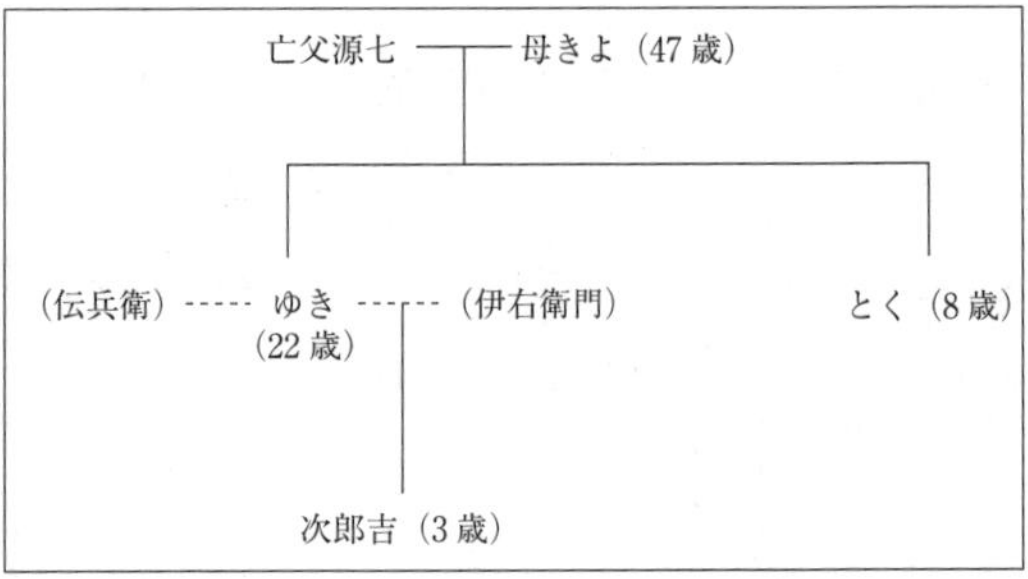

図4－2　ゆきの一家

盲目の母と妹で暮らしていた。

一家の大黒柱であるゆきが名前人ではなく、次郎吉が名前人なのは、第二章で触れたように、大坂では借屋の名前人は男名前が求められたからである。最初の婿養子伝兵衛は病気で生計が成り立たないからと、すぐに離縁となった。二度目の伊右衛門も子供をもうけながら、身上不如意となると、すぐに別れている。結婚の意味が生活と直結していた様子がうかがわれる（また一方で、他の事例において、結婚相手が親の意にそわない場合、不孝になるからと結婚を断り、独身でいることが「孝心」を強調することになる論理が随所に見られることも注意しておきたい）。

†綿屋寅蔵同居の（養母）くみの事例――パターンⅡ

文化九（一八一二）年七月二二日に褒賞されたくみの事例は、年老いた親を抱え、一家の中核となる存在が病気や死去する中でも献身的に面倒を看るというパターンⅡのあり方を示す典型例である。くみは、褒賞の際には、道修町四丁目の綿屋弥左衛門支配借屋に居住する綿屋寅蔵の同居と肩書されている。

くみの事例に登場する人たちの関係を図4－3に示した。先の事例と同様に、内容の概略を箇条書きでまとめておこう。

◎くみは、讃岐屋町の久々知屋小兵衛借屋に居住していた高津屋新左衛門ととめの娘であった。
◎くみが二二歳の時に備中の宮内より丈助（新右衛門改め）を聟養子《むこ》に迎え、今橋二丁目の塩屋三郎兵衛借屋に別に居住することになる（「分家」と表現されている）。丈助は（日雇）働き渡世（単純肉体労働）で暮らしていた。
◎実父母ともに老年となったため、丈助方に引き取る。くみと実母貞寿（前名とめ）は縫仕事に雇われ、家計を補助した。
◎二八年前（天明五年）に、父新左衛門が死去。
◎八年前（文化二年）に、夫の丈助も死去したため、丈助とくみの倅徳兵衛が跡の名前人として相続する。
◎四年前（文化六年）に、道修町四丁目の綿屋弥左衛門支配借屋へ転宅し、くみ、貞寿、徳兵衛の三人で暮らす。
◎文化八年に、徳兵衛が病死して、「外に名前人これ無く候に付き」、曽根崎村の河内屋徳兵衛の倅寅蔵を養子として名前人とした。ただし、寅蔵は八歳と「幼少」なので実父母方で養育している。

◎くみの従弟である大川町の竹屋久兵衛が代判人であるが、その世話は断り、くみ一人の縫仕事洗濯などの働き賃銭で暮らしを支え、一〇〇歳の老母貞寿を育んだ。また、亡父・夫らの年回忌日などには相応に弔った。

◎くみが仕事先に行く時に、「隣家幷に家主」に貞寿への心付けを頼んでいたが、自らも一日のうちに二〜三度様子を見に帰っていた。

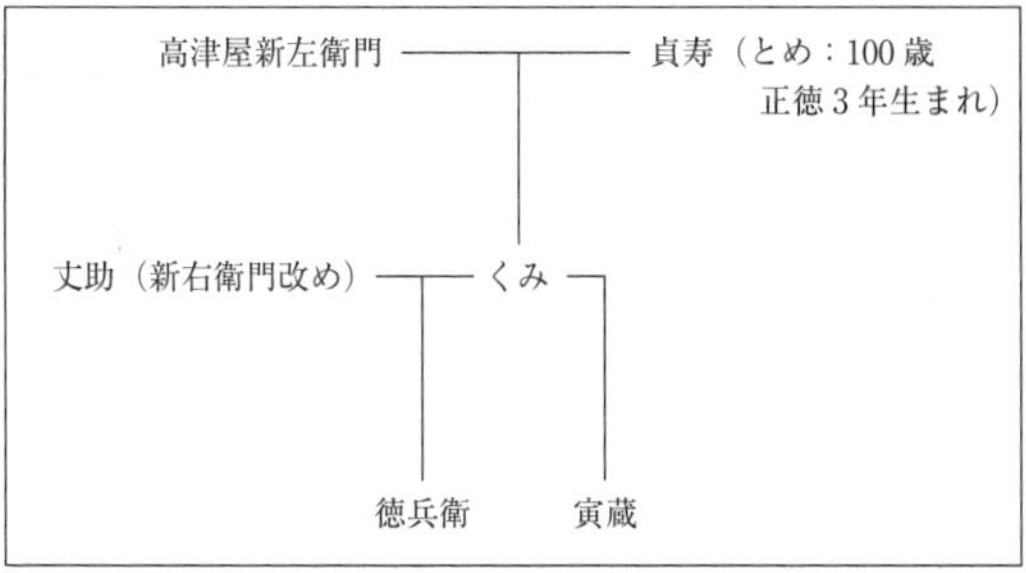

図4－3　くみの一家

この場合には、「此《こ》の度、江戸表より御下知によって、くみへ御褒美として銀五枚下され、実母貞寿義、当年百歳にも相成り、長寿の者に付き、御手当として米拾俵、幷に娘くみ孝心に付き、貞寿老養扶持《ろうようふち》として、一日米五合ヅツ一生の内下され候」とあり、孝子のくみへの褒美銀と並んで、長寿の母貞寿へ手当米と老養扶持が与えられている。

くみは、二二歳で結婚し、一旦両親とは別居しているが、その後、一定期間ののち両親が老年になったからということで同居することになった。その期間がどれほどかは書かれていないが、一〇年以上は期間があったと想定し、褒賞される二八年前*（天明五年）に父新左衛門が死亡しているので、結婚後四〇年余り経っていることになる。文化九年の褒賞の時点で、少なくともくみは六〇歳以上であることは間違いないであろう。同居の時点では、夫の丈助は壮年であり、その前後には倅徳兵衛も生まれて（正確にはいつ生まれたか書かれていないが）、成長していったと思われる。丈助や徳兵衛もいて、くみや貞寿は幸せな家族だったのではないか。

*文化九（一八一二）年の二八年前は、現代の感覚だと、一七八四年と思われるかもしれないが、江戸時代以前の数え方では、（当該年から数えるので）一つずつずれて、一七八五（天明五）年となる。以下も同様である。

しかし、一家の中心であった丈助が八年前（文化二年）に亡くなり、頼りとなる徳兵衛も去年（文化八年）死んでしまい、くみが生活をすべて支えている状態となったのである。夫や倅が生きていた時もくみは親孝行だったであろうが、今は老年となったくみが一〇〇歳の母の面倒を見ているのである。くみの幼少期は庶民の普通の家族だったと思われるが、自身が壮老年に及んで、たいへんな状況に陥ったのである（このことは第六章でも検討する）。パターンⅡの典型例とする所以である。

なお、名前人は同居していない養子の寅蔵であることにも注意しておきたい。寅蔵が名前人なのは、男の名前人が必要だからであるが、寅蔵を養子としているのは名前人を借りるという行為そのものである。「綿屋弥左衛門支配借屋」という表現において、綿屋弥左衛門が家守であることは前に説明したが、くみ一家の屋号が綿屋であるのは、家守の屋号から取られたものであろうか。くみの父は高津屋を屋号としていたので、その「家」を継承したというわけではない。「綿屋」の屋号をもつ家守が管理する借屋に住むことで、とりあえず選択された屋号なのではないかと思うのである。ここには、都市下層民衆の「家」の便宜的で、不安定な様相が反映しているのではなかろうか。

†孝行の内容——褒賞の条件

孝子褒賞には、二つのパターンを見出すことができるが、どのような行為が孝子として褒賞されるのか、という視点で見ていくと、共通する条件とでも言うべきものを見出すことができる。

結論的に言うと、孝子の場合、自己を取り巻く過酷な状況の中で、一つには、暮らしを支える家業（稼業）に精を出すこと、二つには、孝行すべき父母などが生きているうちは看病や身の回りの世話に努めること、三つには、それらの人が死んだ後は弔いや年忌を丁重に行うこと、それらに加えて、家賃の滞納や買掛けなどがないことを条件として挙げることができる。以上の四つを、褒賞の条件として抽出することができる。個々の事例の理由書において、これらすべての条件が記載されているわけではないが、この褒賞の条件に反する者はいないと想定することは許されるであろう。

以下、褒賞の条件を具体例で確認しておこう。

①家業（稼業）精励など

第一の「懸命に働く」という点では、こうの場合、燈心職にいそしんだことが記されていた。

ゆきの場合はさらに詳細で、幼少時にも「少々づつ手仕事いたし、右賃銭家事の助にいたし」、両親が病気の時期には「縫仕事洗濯物等引き請け、日夜油断無く情出し、右わずかの賃銭を以て其の日を送り」、現在は「昼の内は縫仕事、或は洗濯に雇われ、帰り候ては帆毛綿を差《（刺）》し、夜更け候迄油断無く相稼」いでいると言われている。また、妹とくにも毛綿絞りの手業を覚えさせ、ともに働いているとあることも注目しておきたい。

くみも、従弟の代判竹屋久兵衛からの世話の申し出を辞退し、「其の身壱人の縫仕事洗濯等の働き賃銭を以て、極老の母を残所無く相育」んだと言われている。

もう一例挙げると、寛政七年正月一八日に褒賞された阿波屋与三松の妹のかね（一五歳

／表4－1⑧）の場合、一一歳のころから「毛綿絞括り候儀を見習ニ覚」え、毎朝両親の食事などを用意した後、仕事先に行き、「夕方仕舞い候砌は、雇われ先より毛綿預り持帰り」、夕食後も「直様《すぐさま》絞括りの仕事に取掛り、暫時《ざんじ》の油断無く精を出し」たと言われている。それは、両親が貧しい暮らしを気苦労に思っているのを察し、少しでも心助けになりたいと考えてのことであったが、夜が更けるとつい眠ってしまい思うように仕事がはかどらないので、そんな時は「我身をつめり、又は水にて目を洗い、眠を覚し候様に」（自分の体をつねったり、水で目を洗い、目を覚ますように）してまで働いたという。

いずれも、家族全体の生計を支えるべく必死で働いていることがうかがえる。

②看病や身の回りの世話

第二の父母などへの看病や身の回りの世話についても確認しておこう。たとえば、くみの場合は、老母貞寿の長寿（一〇〇歳）を喜び、「日々未明より老母の食事拵《こしら》えいたし、一日の用向等取片付け置」き、隣家や家主に心付けを頼んで雇われ先に行っても、日に二、三度も様子を見に帰り、その時は「好物の食物等調えかえり、猶又貞寿義兼て花を好み候故、色々の草花をも買求め、老母の心を慰め」（好きな食べ物を調達して帰り、また貞寿が以前から花が好きだったので、いろんな草花を買い求め、老母の心を慰めた）とある。

さらに、ここでは別の一例を見ておこう。寛政五（一七九三）年二月二〇日に褒賞された大和屋宇兵衛の倅源兵衛（二三歳／表4-1⑥）の場合である。縫職渡世の父宇兵衛は一〇年前に眼病を患い、その後母くにも大病で腰が立たない状況となる。源兵衛は、幼少では縫職は無理なので、提灯張職を覚え稼業に励んだが、両親の病気の薬の費用にも事欠いたので、「五節句又は神事等にて一同の休日にも休まず、夜分は夜番にも相雇われ」懸命に稼いで薬を用意し、食べ物も自分は質素にし、両親には好物を食べさせ、「夜中番に罷出候中にも、折々罷帰り、薬給《たべ》させ、母くに臥しながら両便通し候故、よこし候衣類、毎夜近辺の川え持参り濯い、神妙に介抱致」（夜番に出ている時も、時どき帰って、薬を呑ませ、母くにが寝たままで排便するので、汚した衣類を毎晩近くの川に持っていき洗うなど、けなげに介抱）したのである。父母ともに病気となり、幼い源兵衛の肩にすべてがかかってきたが、彼は暮らしの糧を得ることから、両親の看病や身の回りの世話まで一人でやりきったのである。そこには排便の世話までということが、印象深く言及されている。

文化五（一八〇八）年五月八日に褒賞された丹波屋与八（二〇歳／表4-1⑬）の場合も同様の様子が見てとれる。彼が髪結職《かみゆい》として働く様子は後述することとして、四年前に病気となった母らくに対する看病や世話の様子を確認しておこう。徐々に重病となり、体の自由が利かなくなったらくを医師に診せ、服薬させるなど治療に努めるとともに、「毎朝早く起き候て食事万端煮焚いたし」、らくは寝返りもできず、排便も自由にできないので「程を考え折々罷帰り、両便調えさせ、両便したたしニ取り候布切等は、夜中隣家を忍ひ洗濯致し」（時間を考えて、時どき帰り、大小便をさせ、それを始末した布切れは、夜中に隣近所に隠れて洗濯し）たのである。

これらの例から、好みの食べ物から心なごませる草花までを用意し、また貧しい中で可能な限りの看病を行い、不自由な排泄の世話まで、心を尽くしている様子がうかがえる。

なお、孝行な行いとして多く見られる好みの食べ物を食べさせるという中には、酒好きの父母や祖父母に酒を飲ませることもしばしば見られた。同じく与八が生前の「祖母とめ儀、兼て酒を好み候に付き、困窮の中より夜分は少々つゝ酒肴取拵え相進め、諸事心に応じ候様」に取り計らったというのは、その例である。

③丁寧な弔いと法事

次に、第三の父母らが死んだ際の弔いや年忌について確認しておこう。

くみの場合、「亡父夫其の外年回忌日等、相応に相弔い」と言われているだけであるが、ゆきの場合、幼い彼女が中心となって、父源七の葬礼を準備し、野辺送りを行った。翌日に「斎米七升銀弐両壱包」などを八丁目寺町の実相寺へ持参して、塔婆を建て、懇ろに弔って貰った。四十九日には心安い道心者を頼み、回向して貰い、縁者や近所の者を招いて「一飯を振舞」ったとある。さらに翌日には野辺送りに立ち会ってくれた者に心づけとして附木《つけぎ》（火を附けるための木）を配ったという。葬礼の際は旦那寺に依頼したが、四十九日の法事には（近所の）親しくしている道心者に頼んだという対比が注目される。ゆきは、一周忌・三回忌などにも同様の供養を行ったのである。

孝女こうの場合も、前年の養母の一周忌に際して、菩提の心から「志の品」を各所へ送り、命日の前夜には近所の者を招いて回向し、当日は菩提所（旦那寺）へ「斎米《ときまい》」その他の品を持参し、「追善執行いたし候始末」が奇特だとされている。

弔いに道心者が依頼されることは、文化七（一八一〇）年二月八日に褒賞された綿屋市兵衛の場合にも見られた（表4－1⑮）。市兵衛が町の夜番に雇われた事情などは後述することとし、亡父宗七の年忌に当たっての行為についてだけ触れよう。年忌の際には、いつも「志の品」を買い調え、同じ借屋の者や近所の懇意の者へ配り、旦那寺へも「回向料斎米」を持参した。そして命日には道心者などを頼み、同借屋の者や懇意の者を招いて、「百万遍（念仏）執行いたし、夜食等振舞」ったという。さらに志として湯風呂を焚いて懇意の者や極貧の者を入湯させたともある。ここでは、旦那寺には回向料・斎米を送るだけであるが、道心者は借屋に呼んで、百万遍念仏を執行していることが注目される。*

＊第二章で触れたように、大坂においては、近世初頭以来、市中に道心者が居住すること自体は許容されていた。しかし、清僧（正式に出家した僧）に紛らわしい行為は禁じられていた。寛政一〇（一七九八）年一一月には、「丁《町》家仏事等にても、清僧同様相招かれ、回向葬式の世話等いたし候」ような道心者の増長を戒める町触が出されている。にもかかわらず、親孝行な行為として年忌などに道心者に依頼することが、褒賞の対象になっているのである。ここからは、裏店借の者たちにとって、旦那寺と並んで、或いはそれよりも身近な存在として、道心者があったことが窺われる。それは、道心者自体が裏店借として都市下層に生きていたからではなかろうか。道心者について、詳しくは第八章で述べる。

貧困のなかで、手厚く弔い、年忌の回向を行うことは孝子であることを象徴する行為であった。

④滞納・買掛なし

最後に、褒賞の条件として、家賃の滞納などのないことを確認しよう。孝女こうは、他人の助けを辞退し、自分の力で家職の燈心職に精を出し、わずかの儲けで、「家賃其の外諸買物迄も滞らせず」暮らしていたとされていた。

ゆきの場合も、「未だ年若にて、殊に女の義に候処、父母病中、別て母きよは長々眼病相煩い、家内貧窮に候へとも、是迄ゆき取計い相届き、孝心を尽し、手業情出し、家賃滞りは勿論、買掛り借銀等もこれ無く候段、奇特成る者に候」と言われている。

丹波屋与八の場合も、母の看病などで物入りにもかかわらず「家賃銀等をも滞り無く相払」っているのが神妙なためか、母が快方に向かったとされている。

もちろん、家賃の滞納がないことや買掛けがないことだけでは孝子とは見做されないだろうが、困難な状況のなかでも仕事に精を出すことで、自力で看病・介護や供養に誠意をもって当たったことを示すものとして、この滞納・買掛なしは注目されたのだと思われる。

以上、孝子の褒賞条件を見てきたが、幼少で親が病気に罹ったり、死亡したりして、あるいは老親を抱えて過酷な境遇に陥りながらも、都市の片隅で懸命に生きている人びとの姿が浮かんできたと言えよう。そこでは、家業（稼業）に励むとともに、看病や身の回りの世話に尽くし、また丁重に葬礼や年忌を弔うなどの姿が見られたのである。しかし、一方で、褒賞された彼らの背後には、過酷な状況に耐えきれなかった多くの人びとがいたであろうことも注意しておかねばならないであろう。

第五章

忠勤褒賞――褒賞のパターンと条件❷

†忠勤褒賞のパターン

本章では、忠勤褒賞のパターンと条件について見ておこう。前章で見た孝子褒賞の場合との違いとともに共通する部分も見えてくるはずである。

前章で触れたように、表5－1にまとめた江戸からの下知を受けた忠勤褒賞の事例を見ると、次の二つのパターンが見出される。

パターンⅰ　奉公のスタート→奉公先の主人の家の困難→再建に尽力する場合

パターンⅱ　奉公のスタート→奉公先の主人の家の困難→再建できなくてもどこまでも支える場合

パターン	内容	備考
i	12歳の時、10年季で奉公／天明５年の高米価で、儀兵衛身上不如意に→家事・職分に尽力／儀兵衛父金蔵の看病、弟勘兵衛乱心の介抱、その死後の弔い（再建中）	
i	主家は爐提灯棒拵え家職／10歳の時より奉公、25歳で別家の約束、しかし身上不如意で果たされず、四代30年忠勤、（主家の①病死、②眼病・盲目→病死、③幼死、④親類より婿）⇒主家家名取続き／母達（79歳）へ孝心	右之通、善太郎所行奇特成る事ニ付、三郷町中末々の者共忠孝の励み、又は不所存者の教諭にも相成るべく候間、一同申し聞け置くべく候事、
ii	８歳で両替商伊勢屋嘉兵衛に奉公から50年の忠勤／両替商から没落、煙草入小間物商、本綴り、主家家族を支える／９年前、主家身上仕舞い、現在の借屋に移り、町内夜番・本綴り等で清正（嘉兵衛後家）の面倒と亡主の年忌	右之趣、三郷町中末々のもの忠勤の励み、又は不所存ものの教諭にも相成るべく候間、一同申し聞け置くべく候事、
i	６代前の太郎兵衛に13歳で大工職弟子入／主家６代にわたる困難・没落を立て直す（この間に別家）／町人からも評判	右之趣、三郷町中末々の者共所行の励み、又は不所存者の教諭にも相成るべき間、一統申し聞け置くべく候事、
ii	とみ14歳で米仲買醤油商売の綿屋孫兵衛に下女／27年前勇助と結婚、勇助は綿屋に肩入れ奉公／15年前孫兵衛病死、幼主万蔵を助け、醤油荷売、３年前より搗米商売／借屋転宅、とみ実母・子供４人の介抱	右之趣、三郷町中末々のもの忠勤の励み、又は不所存もの教諭にも相成るべく候間、一同申し聞け置くべく候事、
i	43年前、先々代九兵衛に奉公／先代九兵衛の時、貸し倒れと天明の高米価の時損銀で不如意、８ヶ所の掛屋敷を家質に／先九兵衛60歳過ぎから中風、７年前再発、死亡／自分の溜銀も差加え、幼主を支える	右之趣、三郷町中励みのため、又は不所存者の教戒にも相成るべき間、一同へ申し聞け置くべく候事、
ii	和平５年前から中風／４年前にいそ奉公に／安政１から倅和助も中風、妹ふさ・ちう眼病・盲目同然に／墨屋居宅家質に／いそ、看病・家事・商売向きまで出精／縁談も断る	右之趣、三郷町中の者共、教戒のためとも相成るべき間、一同へ申し聞け置くべく候事、

表5－1　忠勤褒賞（江戸よりの下知にもとづくもの）

		年号月日	住所	家主	名前	年齢	
①	1792	寛政4年5月5日	天満北森町	（家持）	山本屋儀兵衛下人長兵衛	29	白銀10枚
②	1795	寛政7年2月19日	平野町三丁目	定専坊貸地	爐屋太右衛門下人善太郎	40	白銀15枚（母たつへ老養扶持1日5合）
③	1795	寛政7年8月25日	御池通二丁目	大和屋長右衛門借屋	伊勢屋佐兵衛	58	白銀7枚
④	1796	寛政8年8月14日	南久太郎町五丁目	山城屋太郎兵衛借屋	若松屋十兵衛	76	銀10枚
⑤	1805	文化2年9月3日	堂嶋弥左衛門町	河内屋市兵衛借屋	大坂屋勇助　女房とみ	52？	白銀5枚
⑥	1816	文化13年8月4日	具足屋町	（家持）	河内屋九兵衛下人庄助	50代後半？	銀10枚
⑦	1856	安政3年6月6日	御池通五丁目	（家持）	墨屋和平下女いそ	22～3	銀5枚

なお、大坂独自の褒賞において、父母に孝行とか、長年にわたって忠勤とか、簡略な理由しか書かれない時期に、別家手代が忠勤として褒賞されている例が多く見られるが、その場合、奉公先の経営が困難に陥ったかどうかは不明である。むしろ、主家が経営困難に陥ることがなくても、長年真面目に奉公したというだけの場合もあるかもしれない（もちろん、そうした背後に経営困難を立て直したパターンⅰのケースも含まれているであろうが）。そのため、別家手代が褒賞されているケースで、褒賞理由が不明なものは、形式による分け方にすぎないが、「パターンⅲ　別家手代など」を区別しておくことにしたい。

表5－1を見るとわかるように、忠勤褒賞の場合、五〇歳代以上の高年齢の人の場合が多い。それは長年にわたる誠実な奉公が褒賞理由となることから、そうした傾向が生じてくることは当然と言えよう。逆に言うと、若い者が褒賞されるときには、特殊な事情が存在していることが予想される。山本屋義兵衛下人長兵衛（表5－1①）の場合、二九歳であるが、奉公後急速に傾いた主家を再建に向かって尽力中と思われるので、パターンⅰに分類した。第三章でも触れた墨屋和平下女いそ（表5－1⑦）の場合、奉公開始時から主人が重病であり、困難を抱えていたが、（後述する別の史料から）墨屋は再建されなかったことがわかるので、パターンⅱとしておいた。このように、忠勤褒賞の場合も截然と区別するのが難しいケースがあることに注意しておきたい。

それを念頭に置いた上で、それぞれの典型的な事例を紹介しておこう。

†若松屋十兵衛の事例——パターンi

一旦、困難に陥った主家を立て直すパターン・iの事例として、寛政八（一七九六）年八月一四日に褒賞された山城屋太郎兵衛借屋に住む若松屋十兵衛（表5－1④）の場合が挙げられる。この事例を理解するためには、主家である山城屋太郎兵衛家の人間関係を頭に入れておく必要がある。これを図5－1に示した。以下、若松屋十兵衛の褒賞理由を箇条書きにしておこう。

◎若松屋十兵衛の家主である南久太郎町五丁目の山城屋太郎兵衛は代々大工職渡世であったが、十兵衛は一三歳の時に六代前の太郎兵衛に弟子入りした。十兵衛は腕がよく、得意先が増え、若年より棟梁になり、大規模な普請を受け取り、日々多人数の大工を雇い入れて仕事を進めた。それら大工から受け取った世話料（仕事の紹介料）はもちろん、自分の作料（手間賃）も主家の身上向き（家計）に差し入れた。

◎十兵衛は別家してからも、自分の渡世のためではなく、主家のために主人の得意先へ働きに行き、自分一人分の賃金（作料）だけを受け取り、雇い入れた大工の世話料は主人方に渡した。
◎主家は次のような経過で困難に陥った。
一代目太郎兵衛は、年をとり眼病となった。その女房つやも老耄《ろうもう》となる。

二代目は、湿病で歩行も不自由となり、仕事だけでなく暮らし向きも十兵衛が引き受けた。

《一代目太郎兵衛、その妻、二代目太郎兵衛の三人とも死亡し、その物入りなどで徐々に身上不如意となっていくが、十兵衛はますます主家を大切にするとともに、自分の両親にも孝心を尽くした。——町内の年寄や町人たちも、その頃、親たちから「十兵衛を見習い申すべき旨」を繰り返し言われていたことを記憶している。》

三代目の養子太郎兵衛は、養母まさの気に入らず、家業にも精を出さなかったため、離縁となる。

四代目は、まさが名前人となり、代判人を置いたが、その代判人が勝手に多額の借入銀をして、家名断絶の危機に陥り、家屋敷を手放し、借屋人となる（この段階でまさの女名前では家を継続できなくなる）。

五代目は、まさの娘に聟養子を貰い、相続させた。しかし、その養子は虚弱だったので、生まれて間もない倅亀之助（当歳——その年に生まれたゼロ歳児のこと）を残して、離縁

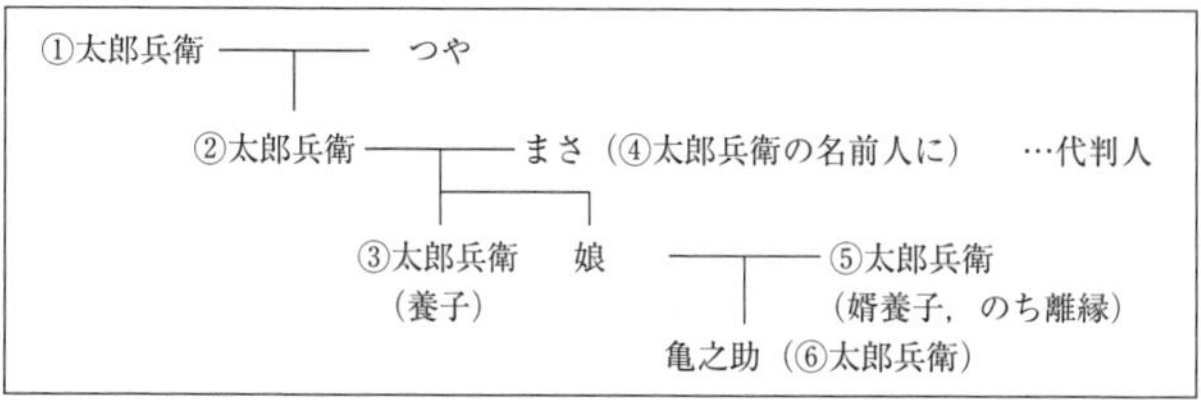

図５－１　山城家太郎兵衛の一家

となる。
六代目は、亀之助を十兵衛が守り立て、成人した上で太郎兵衛と改名し、大工職を教えて、相続させた。
◎十兵衛は、六代六四年にわたって主家を大切に思い、老体を厭わず大工職に出精し、主家の身上を立て直した。そして、借銀も返済し、売り払った家屋敷を取り戻した。買掛けなども一切していない。年寄・町人にも評判であった。

こうした経緯を踏まえて、十兵衛は「主家数代の間、心を尽し、誠実の取計い、老年に及び候まで奇特成る義」だとして、江戸からの下知を受けて褒美として銀一〇枚が下されたのである。

山城屋太郎兵衛家は、代々大工職の親方であったが、そのような家持の職人親方も病気などを契機に転変を避けられなかった。親方山城屋太郎兵衛の弟子として大工職の技能を身に付け、別家を認められた若松屋十兵衛は、身上不如意となった主家を立て直したのである。商家で別家（のれん分け）が認められる場合、同じ屋号となることがふつうである。しかし、十兵衛は別家した際、主家の山城屋とは異なる若松屋を屋号としているが、これは職人だからかもしれない。

なお、この一件からは大工職の働き方がうかがえることも興味深い。親方山城屋太郎兵衛は得意先を保持していることがわかる。十兵衛は、親方の下で弟子であった段階から、棟梁として普請を受け取り、そのために必要な大工たちを雇い入れていた。その際、雇用した大工たちから（おそらく彼らの作料の一部を）世話料として受け取っていたのである。ここからは、親方が建家工事の棟梁とは限らないこと、そこで働く大工は親方の経営外からも雇用される形で労働編成されたことがわかる。

†伊勢屋佐兵衛の事例——パターンii

忠勤褒賞のなかで、不如意となった主家を立て直すことができず、困窮した後も主家に尽くすパターンも存在していた。その典型的な事例として、寛政七（一七九五）年八月二五日に褒賞された伊勢屋佐兵衛（五八歳）の場合（表5－1③）が挙げられる。

伊勢屋佐兵衛の場合には、没落した主人の残された妻を最後まで世話するというものである。そのことを念頭に、概略を見ていこう。なお、ここでは、主家である伊勢屋嘉兵衛をめぐる人間関係を図5－2に示した。

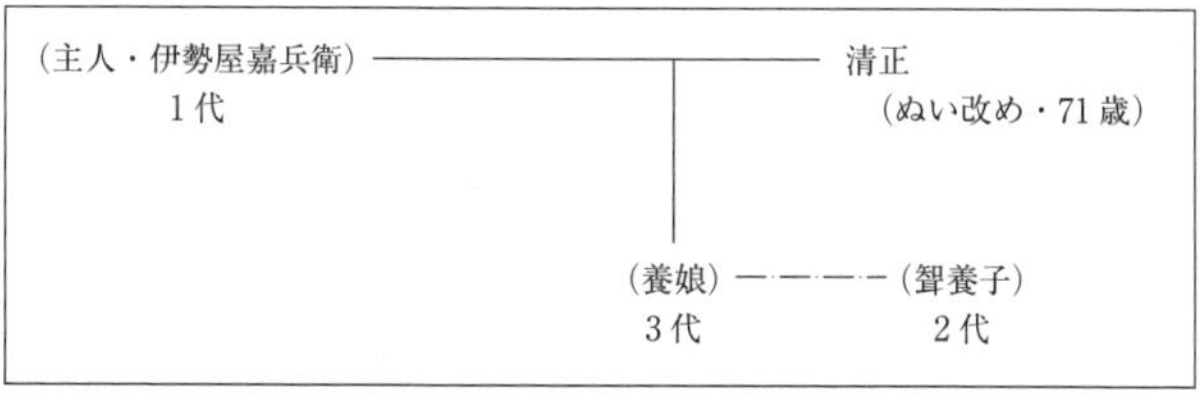

図5－2　伊勢屋嘉兵衛の一家

◎伊勢屋佐兵衛（現在五八歳）は、八歳の時（延享二〔一七四五〕年）から、御池通二丁目で両替屋渡世を営む伊勢屋嘉兵衛（初代）方で下人奉公することになった。給銀などはなく、年季を滞りなく勤めたならば、元手銀を渡し別家させる約束であった。

◎そのうちに、主家の身上向きが不如意となり、両替屋渡世も続けられなくなり、煙草入など小間物類を商うようになる。佐兵衛は奉公の年季（年限）に達したが、別家の約束も守ることができないため、別途給料を渡すと言われたが、辞退し、働き続けた。

◎嘉兵衛（初代）が眩暈《めまい》の症を九年間患い、佐兵衛らの看病もかなわず病死した。

◎実子がおらず、養娘を貰い、その聟養子（二代）が跡を相続する。その頃は、他の下人もいたが、追々暇を乞い、佐兵衛一人が残る。しかし、その聟養子も病死する。

◎跡名前とするものがいないので、養娘（三代）を名前人とし、嘉兵衛（初代）女房ぬい改め清正、佐兵衛の三人暮らしとなる。佐兵衛が昼は小間物商に精を出し、夜は仕覚えた本綴じ（書物を糸で綴じる仕事）で書物屋の手職（内職）を行い、その日を送っていた。
◎借銀等が多くあり、九年前（天明七年）に、諸道具家屋敷まで売り払い、清正の考えで養娘は離縁して親元に帰した。佐兵衛が清正の生活を引き受けて世話するほかなかったが、佐兵衛にも貯えなどなく困り果てる。
◎佐兵衛は（御池通二丁目の）「年寄丁人共」に町内夜番に抱えてくれることを頼んだところ、佐兵衛の忠勤ぶりを知る彼らは気の毒に思い、合力（援助）として当座の必要品を与え、大和屋長右衛門借屋に借宅させてくれた。
◎佐兵衛は、町内夜番として雇われ、夜回りだけでなく町内用向きも勤めた。本綴じの内職も行った。それらの給銀・賃銭で清正を育み、町人の祝儀仏事などの手伝いに雇われ食事が出された時にも、清正の好物を持ち帰って食べさせた。それだけでなく、少しずつ主家の借銀を返しつつあり、家賃銀を滞らせることもない。また、亡主嘉兵衛の年忌には、旦那寺を頼み懇ろに弔っている。
結びのところで、佐兵衛は「四拾九年の間、主人を大切に存じ、幼年より誠実に忠義を尽し候段、奇特に付き」として、江戸からの下知を受けて、褒美として銀七枚を下されると言われている。

伊勢屋佐兵衛の場合、主家の没落とともに、過酷な状況に陥っていった。何故、ここまでするのかと思わせるほどの献身である。彼の場合、主家と同じ伊勢屋を屋号としているが、町内の世話で借屋を認められたのであり、その際、主家と同じ屋号を名乗っただけで、別家させてもらったというわけではない。清正は、縫物洗濯の賃仕事で助けたいとの心底を持っていたようだが、佐兵衛はそれも断って、自分の親と同じように尽くしたのである。

なお、二代目の聟養子が死亡した際、養娘を名前人にできたのは、この段階では家持だったからである。それを売り払った段階では、女名前で借屋を借りることはできなかったため、(養娘)は実家に帰し、佐兵衛が名前人となり、清正を同居させることにしたのであろう。

†別家手代――パターンⅲ

文政期頃から、大坂独自に行われた忠勤褒賞の場合に別家手代がしばしば見られるようになる。この時期は褒賞理由が簡略で、具体的なことがわからないケースが多いが、主家が一旦困難に陥るという経過をたどったかどうか不明である。早い時期の二、三の例を見ておこう。

◎文政六（一八二三）年正月七日
唐物町三丁目上半　山本屋源兵衛別家手代山本屋可兵衛
「其の方儀、主家二代忠勤を竭し候段、奇特に付き誉め置き」鳥目一〇貫文
◎文政六（一八二三）年七月四日
坂本町　かしま屋茂兵衛別家手代　同人借屋加島屋幸助
「其の方儀、主家二代忠勤を竭し候段、奇特に付き誉め置き」鳥目五貫文
◎文政七（一八二四）年九月
常盤町四丁目　近江屋善右衛門支配借屋河内屋清八別家手代
同町野田屋伝次郎借屋河内屋喜助
「其の方儀、主家三代も相代り候処、渡世向き引請け、厚く心を用い、出情致し、当時別家に相成り候得共、主人の遺言相守り、忠勤を竭し候段、奇特に付き誉め置き」鳥目一〇貫文

ここで例に引いた山本屋可兵衛と加島屋幸助は二代にわたって忠勤、河内屋喜助は三代にわたって忠勤とだけあり、長年にわたって真面目に奉公したという以上のことは読み取

れない。山本屋可兵衛と加島屋幸助の主家は家持であり、加島屋幸助は主家の加島屋茂兵衛の掛屋敷の借屋に居住している。山本屋可兵衛の居所は記されていないが、主家の借屋に居住していた可能性が高いのではないだろうか。河内屋喜助の場合は、主家の河内屋清八も借屋人であるが、同町内の別の借屋に居住している。前二者ほど有力ではなかったが、別家を出すだけの経済力は持っていたのである。このような事例を、さしあたりパターンi・iiと区別して、パターンiiiとしておこう。

もっとも、その背後にいろいろなことがなかったとは言い切れない。たとえば、嘉永二（一八四九）年六月二九日に、道修町二丁目の家持であり、薬種中買商であった近江屋太右衛門の別家手代近江屋杢兵衛が五〇年にわたる忠勤を褒賞されている。この時期には、褒賞理由がやや具体的なので、以下のような経緯がわかる。

杢兵衛は「三代已前《いぜん》」（実際は五代前？）の太右衛門の時期に奉公するようになった。その太右衛門が病死した後、養子政吉が太右衛門を相続したが、その頃、主人の指図を受けて、別家の近江屋杢兵衛の死跡を相続した（つまりこの時杢兵衛を名乗ることになった）。しかし、この後（二度の相続があったか）、太右衛門が身持が悪く、だんだん身上不如意となっていき、親類と相談のうえで退役させられ（太蔵と改名）、養子久米吉が太右衛門を相続する。太右衛門は幼少だったので杢兵衛が代判を勤めたが、ほどなく太蔵が病死した。太蔵の後家はせはまだ若年であり、太右衛門も幼少だったので、杢兵衛が家事向き万般を引き受け、代判を退いてからも日勤を続けた。

主家の身上向きを立て直したいと励んでいるうちに、一三年前（天保八年）の（大塩平八郎による）大火で主人の家と自分の借宅がともに類焼し、ますます主家の困窮は進み、諸国の取引先にも大きな損失を与える状況に陥った。しかし、杢兵衛が商売向きも実意を持って取り計らい、主家の家の普請も完成させ、各地の取引先にも調整を行い、現在では主家の身上向きも立ち直り、大規模に取引できるようになった。幼少期から五〇年にわたる杢兵衛のこうした忠勤を奇特であるとして、褒美銭七貫文が与えられたのである。

薬種中買仲間を研究している渡辺祥子氏によると、近江屋杢兵衛の奉公先である近江屋太右衛門家は、享保七（一七二二）年に薬種中買仲間の成立の時期からその一員であり、道修町二丁目の家持として明治期まで存続する。同家は仲間の「定行司《じょうぎょうじ》」を勤め、また安永八（一七七九）年から寛政元（一七八九）年には「唐物取締役」（薬種中買からは三名が就任、その内の一人）を勤めるなど、薬種中買仲間の内でも有力者であった。

杢兵衛は五〇年にわたる忠勤と言われているので、寛政一二（一八〇〇）年ころに奉公したことになる。そこで、褒賞以前の一九世紀の近江屋太右衛門家の薬種中買株の名前人を確認すると、次の通りである。

・文化元（一八〇四）年一〇月に養子政之助が太右衛門と改名して株相続
（代判―手代杢兵衛～文化八年二月）

・文政元（一八一八）年一〇月に養子久米松が太右衛門と改名して株相続
（代判―別家杢兵衛）

・文政一〇（一八二七）年二月に養子伊之助が太右衛門と改名して株相続
（代判―近江屋杢兵衛）

・文政一一（一八二八）年六月に養子久米吉が太右衛門と改名して株相続
（代判―近江屋杢兵衛～天保七年一一月）

杢兵衛の褒賞理由には、当初の太右衛門の後、養子政吉（隠居後太蔵）、続いて養子久米吉が相続するように記述されており、大塩の乱による大火の頃の当主を太右衛門（久米吉）としている。実際には政吉（政之助）と久米吉の間に二人が相続していたのではないかと思われる。太右衛門（伊之助）は一年ほどで退役しているので、親類たちから退役させられた可能性があろう。そう考えると、褒賞理由は何代かが一緒にされ混乱があるものの、ほぼ事実を反映した説明になっていると言えよう。

有力な薬種中買商であった近江屋太右衛門家が、当主の不身持や幼少の者への代替り、あるいは火災などで経営が容易に困難に陥ることがあったのであり、別家手代近江屋杢兵衛がそれを立て直したのである。その意味では、パターンⅲとした主家に何代にわたって忠勤とだけされた別家手代の事例の中にも、こうした個別の事情が潜んでいた可能性もあったことは想定しておく必要があろう。

なお、褒賞された杢兵衛は、すでに別家となっていた先代の近江屋杢兵衛の亡くなった跡を養子として相続したのであった。文政三（一八二〇）年五月に道修町二丁目の内田屋惣兵衛借屋に居住する近江屋杢兵衛が薬種中買株を取得しているので、別家手代として主家で働きながら、自身も薬種中買商となっていたことがわかる。

†忠勤褒賞の条件

孝子褒賞の場合、①家業精励など、②看病や身の回りの世話、③丁寧な弔いと法事、④滞納・買掛なし、ということが条件となっていたことを指摘した。忠勤褒賞の場合も、条件として主家に対する同様の行為が見られる。困難に陥った主家の経営を立て直すパターン・ⅰの場合、仕事に精励することが中核となるが、これら四条件はほぼ共通の前提になっている。そのことを若干の事例で見ておきたい。

パターンⅰの場合、仕事に出精するのは当然のことであろうが、パターンⅱの典型例としてあげた伊勢屋佐兵衛は、褒賞される頃には、〝（町として）町内の夜番に召し抱え、町内の用向きも勤めさせたが、夜番の廻り方も怠りなく、特に（火災の心配な）冬には暫時も油断なく勤め、昼の間は町内の用向きが手すきの時には、（本屋の依頼を受けた）本を綴る内職をしていた〟とされている。昼も夜も働きずくめの様子がうかがわれる。

寛政七（一七九五）年二月一九日に褒賞された、平野町三丁目の定専坊《じょうせんぼう》の貸地に居住の爐屋《いろりや》太右衛門下人の善太郎（四〇歳／表5-1②）の働き方は尋常ではない。爐屋太右衛門は囲炉裏や提灯の棒製作を家職にしていたが、最初の太右衛門が病死した後、二代目の太右衛門も眼病で盲人となったため、善太郎が職方を引き受け、通常でも夜一〇時ころまで、繁忙時（節季など）には午前二時ころ、場合によっては夜明けまで仕事をしたとある。

文化二（一八〇五）年九月三日に褒賞された大坂屋勇助・とみ夫婦は、とみが一四歳の時から下女奉公した堂嶋弥左衛門町の綿屋孫兵衛・万蔵二代にわたって忠勤した（表5-1⑤）。勇助はとみと結婚した後に節季ごとに鳥目一〇貫文ずつ貰って綿屋に肩入れ奉公（ここでは通い奉公の意味）したという。もともと綿屋孫兵衛は米仲買と醤油商売を兼ねた渡世をしていたが、幼年の万蔵を残して死んだ後、勇助が万蔵を連れて醤油を荷って得意先を回った（行商）という。これも、米仲買が続けられなくなった後に可能な渡世に励む様子がうかがえる。

身の回りの世話や看病についても、佐兵衛は、清正との暮らしにおいて、〝食事の拵えも自分が行い、町内の祝儀・仏事などに雇われた際に振舞われた食べ物も清正が好みの品はそのまま持ち帰って食べさせ、同人の平生の生活においても見苦しくないように取り繕わせ、自分はいたって粗末な衣類を着用した〟とある。

さらに、佐兵衛の場合、亡主嘉兵衛の年忌に際しては、懇意にしていた者に志の品を送り、当日には旦那寺へ「斎米幷に回向料」として銀銭を贈り、また弟子僧を招いて、斎《とき》（食事）を振舞い、布施銀を差し出し、誦経《ずきょう》して貰うなど、懇ろに弔ったとある。この場合は、旦那寺から弟子僧（住職ではなく）を呼んでいることに注意しておこう。

同様な状況は、他の事例でも見られる。文化一三（一八一六）年八月四日に褒賞された具足屋町の河内屋九兵衛の下人（奉公人）庄助は、六〇歳頃から中風を患った〝先代の九兵衛を丁寧に介抱し、常々好みの品を買い求めて勧め、手を尽くして医師を探し、良薬を求めた〟ことが記されている。また、「九兵衛方先祖の年忌法事などに至る迄」庄助がすべて世話をしたとされている。

寛政四（一七九二）年五月五日に褒賞された天満北森町の山本屋儀兵衛の下人長兵衛（表5-1①）は、儀兵衛の父金蔵が病気の時は天満西寺町の正泉寺境内の金毘羅権現にお百度参りに行き、薬用食事なども誠実に介抱したとある。また、儀兵衛の弟勘兵衛が乱心して死んだ後には、命日に「芳志の追善」を欠かさなかったともある。

深夜まで仕事にいそしんだ善太郎も、主人爐屋太右衛門の眼病の回復を祈願して仕事の合間を見計らって津守の薬師に参詣したという。その死後、遺児の新次郎（三代目太右衛門）を支えていたが、彼も二年前に病気となったため、服薬させ、氏神に参詣したものの効なく、一六歳で亡くなった。その時、善太郎は深く嘆いて出家して菩提を弔いたいと願ったが、爐屋の親類中から残った妹かう（こう）を支えてほしいと説得されて、出家を思いとどまったのである。そして亡くなった人たちの月命日には墓参を欠かさなかったという。

忠勤褒賞では、主家の借銀を返済するのに自分の資財をつぎ込むことも見られた。パターンⅰの事例として紹介した若松屋十兵衛も、別家してからも自分の作料の一部は受け取ったが、その多くや他の雇用した大工たちの世話料などは、主家の暮らし方に差し入れていたとあった。そして売り払った主家の家屋敷も買い戻したのである。先の河内屋九兵衛の下人庄助は、七年以前に給銀などを貰い溜めた銀三貫目余を主家の入用銀に差し加え、その後は給銀や仕着せ（衣類の支給）なども辞退して働いたという。

パターンⅱの伊勢屋佐兵衛の場合も、主家を清算する際にその借銀の返済を佐兵衛が引き受け、それまでに貰い溜めていた銀子を内銀として、残銀は毎月銭三〇〇文ずつ返す約束で、褒賞当時までそれを継続するとともに、家賃の滞納もなく、また買掛などもないことが言及されている。

忠勤褒賞の場合、主家の家業に精励することが条件の第一に挙げられるが、その経営が困難になった場合には何なりと仕事を見つけ、主家を支えるためにそれを精励するということであった。その場合は孝子褒賞の家業精励と共通していた。病気の主人やその家族の看病や身の回りの世話は、営業に関わる店表の奉公人においても当然のことと見なされている。まして、丁寧な葬礼や年忌の弔いは言うまでもない。主家の再建に成功したパターンⅰの事例では、家賃の滞納や買掛がないことはあまり言及がなく、自分の資財を主家のために差し入れることが見られる。しかし、都市貧民の状況に陥ったパターンⅱの伊勢屋佐兵衛の場合には、孝子褒賞の場合と同様に、家賃滞納や買掛がないことが挙げられているのである。

忠勤褒賞においても、孝子褒賞と基本的には共通の条件が想定されていると言えよう。それは具体的に、何を「孝」と考え、何を「忠」と考えるかを示しているのである。ただし、主家の困難（それ以前は家持など有力町人・商人だったことが多い）を立て直しえた場合、滞納・買掛などがないということへの言及があまりないが、それは言うまでもないことであり、相応の経済力を回復していたことの裏返しである。ただし、その場合も、困難に陥っている段階では、都市下層民衆と共通の状況にあったと言えるであろうが。

以上、忠勤褒賞のパターンと条件を見てきたが、主家に長年にわたって奉公し、その間に主家が困窮に陥り（パターンiiiは一部それ以外を含む）、過酷な状況にもかかわらず、必死かつ誠実に尽くしている様子がうかがえる。もちろん、主家を建て直すことに成功する場合（パターンi）も、うまく行かない場合（パターンii）もあったが、主人と奉公人との関係は、仕事の局面だけでなく、看病・身の回りの世話から、幼少な主人のサポート、故人の丁重な弔いなどの生活の局面に及ぶものだったことが理解できる。

第六章

不安定な都市下層民衆の生活

†褒賞事例と貧民の生活

　第四章では孝子褒賞について、第五章では忠勤褒賞について、褒賞理由の詳細な江戸の下知を受けた事例を中心に、それぞれのパターンと褒賞に相当すると判断される条件について検討してきた。それらを通して言えるのは、褒賞に値すると見做されるのには、過酷な状況のなかで、それにも負けずに孝行に努める、あるいは誠実に奉公するということが基本的に共通しているということである。

　それは言い換えれば、この記録に過酷な状況にある都市下層民衆（貧民）たちの生活が反映しているということである。忠勤褒賞の場合には、主家＝奉公先は有力町人・商人であることも間々見られたが、一旦でも経営困難に陥ったことからは、一見すると安定した階層に見える者たちも、過酷な状況と背中合わせにあったことがうかがえるであろう。

この章では、都市下層民衆の不安定な社会的状況と生活のあり方について見ていくことにしよう。彼らはどんなきっかけで窮地に陥り、どのように暮らしたのか。職業については次章以降に見るが、それ以外のことを詳しく見ていく。ここでも、江戸からの下知を受けた褒賞事例（表4-1・5-1）を中心としながら、適宜それ以外の事例を参照することとする。

なお、孝子褒賞の一九件から塩飽島の一件と自殺・他殺を防ごうとした二件を除いた一六件のうち、天満一丁目の播磨屋源兵衛兄弟姉妹の一件だけが家持であるが、それ以外はすべて借屋人である。孝子褒賞の場合、借屋層、とりわけ裏借屋層が対象となることが想定される。

一方、忠勤褒賞の場合、七件のうち主家はすべて家持か地借であるが、家屋敷を売却するか、家質に入れるか、という状況に立ち至っている（後日、買い戻す場合もあるが）。すなわち、一旦、困難に陥った状況とは借屋層を経験することを意味するのである。

†褒賞された者の地域分布と居住

まず前提として、褒賞された者の地域的な特徴を見ておきたい。

孝子褒賞を受けた者は、「過酷な生活状況の中でも孝心を尽くすこと」が条件となっていたが、それ故、褒賞された者が多い少ないということには、都市下層の借屋人たちの存在状況が反映されていると考えられるのではなかろうか。もちろん、孝子褒賞・忠勤褒賞は個別的な事情に左右される。また、褒賞の前提には町からの推薦があったため、町年寄など町内の人びとの熱意にも左右されるが、まずは褒賞数の多い町がどの地域に分布するかを確かめておこう。

褒賞された者の居住する町を地図上に記号で示した（第四章図4－1）。三郷全体に分散して見られるが、一つの町内で四人以上の町（★マーク）が、道頓堀南側の西高津町や西高津新地、難波新地など、長堀北側の南御堂までの一帯、上町の武家地の間の町々、天満の東寺町や同心屋敷の周辺、そのほか島之内や堀江新地、淀屋橋の南側などにも見られる。三人の町（▲マーク）も、それらと同じ地域に多く見られるとともに、西船場中央部（含む：新町）、上町地域の武家地西側沿い、天満地域の大川沿い、長町一帯などに見られる。一人も見られない町も多数あるが、一、二人の町（●マーク）は船場も含めて広く見られる。忠勤褒賞では、有力町人・商人が経営困難に陥ったり、別家手代として奉公した事例も含まれるので、船場のような中心地域にも広がっていたものと思われるが、一方では、そうした中心地域でも過酷な状況に陥りかねないことを示していると言えよう。

江戸からの下知を受けた事例について、孝子褒賞については〇マーク、忠勤褒賞について□マークの中に、表4－1・5－1のナンバーを記入した。孝子の事例では、天満地域、上町の武家地西側、堀江新地、島之内、西高津新地に分布している。これらは、詳細な褒賞理由から過酷な生活状況がうかがうことができ、都市下層民衆の集中する地域と見ることができよう。船場に位置する道修町四丁目のくみの事例もあるが、船場地域の経済が成り立つためにも、運輸などの労働者（働き渡世）が必要だったのである。

忠勤の事例では、奉公先の主家がそれなりの営業者だったと思われる者もあり、個別の事情が大きいが、天満地域や堀江新地に見られていることは、孝子の事例とも共通していて注目される。

以上のような地域分布も念頭に置いて、都市下層民衆の生活状況をうかがっていこう。

†過酷な状況に陥る要因

第四章で確認したように、孝子褒賞において、子供が幼いうちに、親の病気や死亡によって過酷な状況に陥るのがパターンⅠであり、この場合、幼少ながらの孝行が褒賞されることになる。もう一つ、年老いた親を抱え、一家の中核となる存在が病気や死去することで過酷な状況に陥るパターンⅡの場合、高齢の母への介護を含む孝行が褒賞されることになる。第五章で確認したように、忠勤褒賞でも、多くの場合は、主家の当主の病気や死亡、その他の要因で過酷な状況に陥ったのであった。

孝子・忠勤褒賞の事例からは、誰にも起こりうる契機で容易に過酷な状況に陥る都市下層民衆の不安定な状況が見て取れる。

そうした契機で最大のものは病気である。ゆきの母きよは長く眼病を患っていたが、全事例のうち、褒賞を受けた者やその関係者で眼病から盲目となる者が四八人（うち六人は眼病のみ）も見られる。一方、聾唖《ろうあ》は二件のみであり、眼病・盲目の多さが目立つ。

他に多く見られる病気としては、中風の一四人、癇症・気むらなどの精神的な病気と思われる者の一四人（うち健忘症一人）が目立つ。それらにしても、眼病・盲目の三分の一程度にとどまる。先の四パターンの典型例として取り上げた事例では、他に脹満（ゆき父源七）、湿病（ゆき夫伝兵衛／二代目山城屋太郎兵衛）、眩暈症（伊勢屋佐兵衛主人嘉兵衛：表5－1③）などの病名が見られ、多様な病気に悩まされていたことがわかる。こうした病気の結果、源七のように歩けなくなる者も見られた。

また、安政六（一八五九）年二月一八日に西国町大和屋伊兵衛借屋に居住する住吉屋伊兵衛の養子清吉が孝子として褒賞されたが、その養母たかは前年のコレラの流行で死亡している。こうした流行病も脅威であったろう。

働き手が病気となると収入の面で困難となるだけでなく、ゆきや佐兵衛の場合のようにその看病・介護がたいへんな状況となる。

次に、家族の中核となる存在の死である。先に見たような病気で長期に患って死にいたる事例ももちろんあるが、原因を記さず死亡の事実を記すだけのものも多い。くみ（表4－1⑱）の実父新左衛門、夫丈助は高齢（六〇歳前後の一定幅）に達しての死去だったと思われるが、くみの倅徳兵衛や伊勢屋嘉兵衛の聟養子は壮年期（四〇歳前後の一定幅）の死亡であったと思われる。壮年期の死亡も間々見られ、それが過酷な状況に直結していた。

第三章で引用した文化九（一八一二）年四月に褒賞された天満屋吉兵衛の例のような簡略化した褒賞の理由の中にも、両親・父母への孝心や母への孝心などの表現が定型化して見られる。試みに、それらを含めて、文政期までの事例から、褒賞された者が誰を対象に孝行したとされているかを表6－1にまとめた（褒賞時点、ないしその直前まで生きていた者）。養父母を含めた両親（父母）への孝行とされた者も多いが、父もしくは母への孝行とされた者を比べると、母への孝行が五九人に対して、父への孝行は一〇人である。祖父と祖母への孝行、およびその中に祖父と祖母が含まれるケースの人数を比べると、祖父が二人に対して、祖母は二二人である。

以上のことには、①男女で比べると女性の寿命が長く、実際に母・祖母よりも父・祖父のほうが早く亡くなっているケースが多かったこと、②一家の生計を支える父の死が一家

表6－1　孝行の対象

対象	天明5～文化14	文政1～12
両親（父母）	28　［5］	35　［4］
母	37　［3］	22　［6］
父	6	4　［2］
夫	1	0
祖母	6　［3］	3　［2］
祖母＋両親	4	2
祖母＋母	4　［1］	2　［2］
祖母＋父	0	1
祖父＋両親	1	1

［　］内は養父母の数

を過酷な状況に陥れ、したがって褒賞される程の孝行につながるケースが多くなったこと、この二つの理由が考えられる。実際には、この二つの要因がともに働いていたのであろう。

過酷な状況に陥る契機として、先のゆきの場合のように火災も見られた。その中には、天保八年の大塩の乱における火災も挙げられる。天保一一（一八四〇）年一〇月六日に褒賞された天満北森町大和屋清兵衛借屋の大和屋弥七の娘こまの場合、父の弥七が極老で、母すえは多病だったが、「去る酉年（天保八年）大火の節、類焼に逢い、次第に困窮に相成」ったと言われている。前章で紹介した忠勤で褒賞された近江屋杢兵衛とその主家近江屋太右衛門も大塩の乱による大火で類焼したが、それで主家の困窮がいっそう進んだと言われている。

しかし、大塩の乱による火災を含めて、飢饉や米価高騰などで過酷な状況に陥った人びとも多数いたはずであるが、孝子褒賞のような個別の経験に対する措置の中では、誰にでも降りかかってくるそのような一般的な状況は言及されにくい性格を持っていたものと思われる。

それに対して、忠勤褒賞の場合、経営困難に陥る要因として、それらが契機として挙げられる場合がある。表5－1を見ると、寛政四（一七九二）年五月五日に褒賞された長兵衛の主家山本屋儀兵衛は、天明飢饉の米価高騰により天明五（一七八五）年から身上不如意（家計逼迫《ひっぱく》）となっていった。また、文化一三（一八一六）年に褒賞された庄助の奉公先河内屋九兵衛も天明の高米価の時期から損銀がさらに増え、身上不如意で掛屋敷八ヶ所を家質に差し入れる結果となっている。もちろん、飢饉や米価高騰に限らず、個別的な要因での商い上の失敗はすぐに過酷な状況につながっていく。忠勤褒賞パターンiiの典型として挙げた伊勢屋佐兵衛が奉公した伊勢屋嘉兵衛が両替屋渡世を行き詰らせたのは、その好例である。

以上のように、都市下層民衆は、誰にでも起こりかねないわずかの契機で過酷な状況に陥る不安定さを持っていたのである。さらに注意しておきたいのは、伊勢屋佐兵衛の主家伊勢屋嘉兵衛の場合のように、家持の両替屋渡世を営む中上層町人であっても些細な契機で没落と背中合わせだったことである。そのことは、多くの忠勤褒賞事例で一旦奉公先が困難に陥っていることにも示されている。それらの場合、再度立て直されることも多く見られたが、伊勢屋嘉兵衛の残された妻清正を支えた伊勢屋佐兵衛の結末は、都市下層のあり方そのものであった。

†老いの問題

人間にとって老いは誰も避けることができない問題である。歴史人口学の研究によれば、宗門人別帳から推計された江戸時代の庶民の平均余命(出生時)は、一七世紀には二〇歳代後半ないし三〇歳そこそこだったのが、一八世紀には三〇歳代半ば、一九世紀には三〇歳代後半へと着実に伸びたとのことである(鬼頭二〇〇〇)。また、多くの子を出産するが、乳幼児で死亡する者も多い多産多死の社会であったということも指摘されているが、出生者の二〇パーセント近くが五歳以下で死亡し、それを越えると長寿の者も意外に多かったとされている(速水二〇一二)。

もっとも、都市部と農村部では差異があったという(速水二〇一二)。具体的には、美濃国安八郡西条村と奈良の東向北町の死亡統計を例として、都市と農村でともに全体の二割以上が五歳以下で死亡するものの、農村(西条村)では五〇代までに死亡するものは多くなく、五〇歳をすぎて死亡が増加し、七〇歳前後にピークがくるのに対し、都市(東向北町)では二〇~五〇歳にも死亡がかなり見られると対比されている。

これを参照すると、巨大都市大坂においても、一九世紀には徐々に平均余命（寿命）は延びていき、五歳以下の幼児期に死亡する者が多数あったが、そこを生き抜くと（都市型として壮年期の死亡も見られるものの）長寿の者もかなりいたものと思われる。こうした長寿の者を抱え、さらに生活の中心となる存在を失うなどで過酷な状況に陥った者が高齢の親の介護・看病などで孝行するのが、孝子褒賞のパターンⅡなのである。

その典型例として挙げた六〇歳余の綿屋くみの場合、夫と倅を失い、名前人とすべく養子にした寅蔵は実親のところに置いたまま、一〇〇歳の母親貞寿の世話をしていた。幸い貞寿は重い病気などはなかったようにうかがえる。この場合、くみへの褒美に加えて、貞寿にも「当年百歳にも相成り、長寿の者に付き」手当米一〇俵と、「娘くみ孝心に付き」老養扶持として一日米五合を一生涯下されたのである。この通達の文言において、手当米は「長寿」と結びつけられており、老養扶持は褒賞を受けた者の「孝心」と結びつけられている点に注目しておきたい。

†《老養扶持》

ここで、貞寿に与えられた「手当米」と「老養扶持」について、他の事例も合わせて検討しておこう。老養扶持は一生の間（生きている限り）一日米五合が支給されるのであるが、くみの母貞寿以外に、表4-1・5-1に次の事例が見られる。

・寛政七（一七九五）年二月一八日　平野町三丁目　爐屋太右衛門下人善太郎（四〇歳）の母たつ（七九歳）

四代三〇年にわたる忠勤とともに、母へも孝行だとして、善太郎への褒賞とともに、母たつへ「老養扶持」。

・文化六（一八〇九）年一一月一三日　西高津新地九丁目　樋口屋勇蔵（一七歳）の養祖母きよ（七一歳）

一六年前に二歳で養子になったが、養父は離縁され、養母やそは四年以前より浮腫《むくみ》（体内に水分が過剰に溜まった状態）を患い死亡。養祖母きよは高齢で按腹渡世もできなくなり、勇蔵が支える。勇蔵への褒賞とともに、養祖母きよへ「老養扶持」。

・文化七（一八一〇）年二月八日　天満七丁目　綿屋市兵衛（二七歳）の祖母もん（八八歳）

父宗七は二〇年前に病死し、幼少の頃から市兵衛が支えるが、母いよは長病、祖母もんは極老。市兵衛への褒賞とともに、祖母もんへ「老養扶持」。

・文化九（一八一二）年四月八日　京橋二丁目　葛屋五兵衛の養祖母妙意

養父五兵衛は五年前に病死し、養祖母妙意は極老、養母さよは多病。五兵衛への褒賞とともに、養祖母妙意に「老養扶持」。

妙意は年齢が記されていないが、「極老」と表現されており、八〇歳は越えていると考えていいだろう。くみの母貞寿も含めて、老養扶持をあたえられた者は病気ではない。「老養」という表現に示されているように、対象者が高齢であることは言うまでもないが、子ないし孫の孝心が前提となっている。これらの老養扶持を与えられた高齢者に孝心を尽くした者たちのうち、勇蔵・市兵衛・五兵衛の場合は、いずれも（養）祖母であり、父母は死亡ないし病気であり、幼少時から過酷な状況に陥っている（孝子褒賞パターンIと共通）。パターンIとパターンIIの要素が複合していると言えよう。

次の事例は、老養扶持と同等の措置が取られているが、「扶助米」と呼ばれている。

・寛政七（一七九五）年一月一八日　幸町五丁目　阿波屋かね（一五歳）の母いそ

父勘平は中風で二年前に死去、母いそも痰積《たんせき》（痰と咳、もしくはさしこみ［胸腹の激痛］）を患ったが、幼年のかねが「亡父勘平病中死失後迄の取計い方、幷に病身の母いそへ孝心尽し」奇特として、褒美として白銀二〇枚を与えられるとともに、母いそは「格別老年と申すにもこれ無く候得共」、かねの普通ではない「孝心の故をもって」扶助米として一日五合を与えられた。

父勘平が死亡した際の年齢が五六歳であり、母いそも五〇歳前後と想定される。いそは高齢とまでは言えないが、病気であった。この事例も幼少で過酷な状況に陥った孝子褒賞のパターンⅠなのであるが、かねの特別の孝行に鑑みて、(これに続いて行われるようになる)老養扶持と同等の措置が取られている。しかし、いそは「老養」とは言えず、扶助米とされたのであろう。また、先に見た老養扶持の場合、高齢者は病気ではなかったが、このケースでは、いそが病気であったことが支援につながったのであろう。

以上、老養扶持(扶助米)は、子ないし孫の孝心が前提であり、高齢もしくは病気(あるいは両方)に対するサポートとして与えられたのである。褒賞を受けた者には男女が混ざっているが、高齢者・病者はすべて女性である点が注目される。また、これらはすべて江戸の下知を受けた褒賞であり、これ以外には見られない。大坂町奉行の独自の褒賞では、老養扶持は行われなくなったのである。

†《手当米》

くみの母貞寿は、一〇〇歳の長寿ということで手当米を下されたが、他にも同様の事例を探してみよう。次の史料は、文政二（一八一九）年六月一日に大坂三郷に出された達書である。

西高津新地九丁目
高津屋太七同居紋九郎祖母　妙清
右妙清儀、当年百弐歳に相成り、長寿の儀に付き、御手当米として拾俵下され、有り難く存じ奉るべく候、
右の通、江戸表より御下知によつて申渡し候条、所の者共一同承知せしむべく候、

ここでは、高津屋太七に同居している紋九郎の祖母妙清の一〇二歳という長寿を慶んで手当米一〇俵が下されたことが、広く市中に知らされている。また、注目しておきたいのは、これが江戸の下知を受けて取られた措置だということである。こうした達書から次の事例が拾える。

・文化三（一八〇六）年六月一日　播磨屋藤八母妙祐（立売堀中之町新屋彦兵衛支配借屋）

当年一〇一歳「長寿の儀に付き」手当米一〇俵　［江戸よりの下知］

・文化四（一八〇七）年一一月二日　和泉屋安次郎祖母妙誓（内安堂寺町小浜屋吉郎兵衛借屋）

当年一〇〇歳「長寿の儀に付き」手当米一〇俵　［江戸よりの下知］

・文化九（一八一二）年七月二二日　くみ母貞寿（前出）

・文化一二（一八一五）年正月　和泉屋嘉蔵祖母妙祐（南瓦屋町瓦屋彦右衛門借屋）

当年一〇二歳「長寿の儀に付き」手当米一〇俵　［江戸よりの下知］

・文政二（一八一九）年六月一日　高津屋太七同居紋九郎祖母妙清（前掲）

・弘化元（一八四四）年九月二九日　久兵衛母とよ（上本町二丁目小兵衛店）

当年一〇一歳「長寿の儀に付き」手当米一〇俵　［江戸よりの下知］

手当米の事例として、以上の六件が知られるが、すべて江戸からの下知を受けている。老養扶持がすべて江戸の下知を受けていたのと共通である。いずれも一〇〇歳を越えており、長寿の祝賀の基準は一〇〇歳であることがわかる。くみの母貞寿の場合は、手当米と老養扶持をともに受けていて、孝子褒賞とつながっているように思われるかもしれないが、その他の事例では、手当米は孝子褒賞とは関連していない。長寿それ自体が喜ばしいこととされているのである（孝子くみの母の貞寿は、たまたま一〇〇歳だったということ）。それぞれの家の事情は不詳であるが、老養扶持が一生の間の生計補助の意味を持つのに対し、手当米は一〇俵というまとまった米のプレゼントであり、家計補助の意味よりもお祝いの意味合いが強いであろう。なお後述するが、妙清の孫で歌舞伎役者の（高津屋太七同居の）百村紋九郎は同日に孝子として褒賞されているが、別に通達されている。

平均余命（寿命）が四〇歳前後と想定されるこの時代にも、幼少期を生き抜くと、高齢者は意外と多く、中には一〇〇歳を越える者もいたのである。それがすべて女性であることは注目される。だが、そうした高齢者を抱えて、生活困窮に直面することも多かったものと思われる。

†都市下層民衆の流動性

都市下層民衆の不安定で流動的な性格は、しばしば転宅していく様子にうかがえるのではないか。寛政八（一七九六）年三月に褒賞されたゆきの一家（パターンⅠ）は、数年のうちに南堀江二丁目から幸町三丁目、南堀江三丁目へと借屋を移っている。文化九（一八一二）年七月に褒賞されたくみの事例（パターンⅡ）は数十年という長期にわたるものではあるが、讃岐屋町借屋の親元から今橋二丁目借屋に分家し、さらに道修町四丁目借屋へと転宅している。

また、老養扶持のところで挙げた文化六（一八〇九）年一一月に褒賞された樋口屋勇蔵（一七歳：表4－1⑭）は、一六年前に南紺屋町の鷹屋又兵衛方に養子に行ったが、又兵衛女房やそとその養母のきよの四人暮らしであった。入婿だった又兵衛はきよから離縁されてしまい、一家はきよの按腹《あんぷく》渡世で暮らしていたが、身上不如意となり、「所々変宅」し、勇蔵が一二歳の時に松屋町裏町に借宅した。その後、四年前にやそは浮腫の病で死去し、さらに困窮が募り、当時の西高津新地九丁目の小町屋卯兵衛借屋に引っ越したという。

これらの例で、彼等の転宅の特徴の一つは、ゆき一家の場合は堀江南側、くみ一家の場合は船場北側という狭い地域の中で行われていることである。勇助一家の場合は、「所々変宅」の場所は分からないが、島之内から一旦東横堀の東に出て、西高津新地に移っている。これもそれほど広い範囲ではないが、記載のされ方からして、より場末に向かっているように思われる。

もう一つは、状況の変化とともに転宅が行われることである。ゆき一家は、火事で被災後に最初の転宅をした。二度目の転宅は、伝兵衛を聟養子に迎え、状況を変えようとした時である。くみの二度目の転宅は、夫丈助が死んで倅徳兵衛が跡を相続して四年後であるが、その翌々年には病死する。おそらく徳兵衛が相続したものの、病気で困難な状況に陥っていたのではなかろうか。勇助の場合、身上不如意が理由とされており、多くは更なる状況の悪化と転宅が連動していたのではなかろうか。

しかし、表4－1・5－1の事例には、これ以外に町を越えて転宅を繰り返す様子をうかがえる事例は見られない。寛政五（一七九三）年二月に褒賞された河内屋喜八（二二歳）・吉松（一八歳）の兄弟の一家（表4－1⑤）は二四年前（明和七年）から西高津新地九丁目の淡路屋庄兵衛借屋に住み、その後現在の備前屋喜右衛門借屋に移り、大和屋源兵衛（二三歳）の一家（表4－1⑥）は一五～六年前に酒辺町の山田屋又兵衛支配借屋に住むようになり、その後現在の大和屋吉右衛門借屋に住むようになったとある。また、寛政七（一七九五）年に忠勤で褒賞された伊勢屋佐兵衛（表5－1③）は、主家伊勢屋嘉兵衛の家のあった御池通二丁目の大和屋長右衛門借屋に住むことになった。これらは、いずれも引っ越しても同町内である。

褒賞理由に表れない転宅

褒賞を受けた者たちが引っ越しを繰り返す様子を記されたケースがそう多くないという事実を、どう考えればいいのか。彼らは、家業に出精し、家賃滞納や買掛がないというような孝子褒賞の条件をクリアするような者たちだからかもしれない。またその場合、後述するように町内からのサポートがあるようなケースだからかもしれない。しかし、褒賞理由の説明では表現されないが、実際は不安定な現実があったと想定するのが自然であろう。この点に関わって、宗旨人別帳が残る菊屋町の住人が褒賞された二つの事例を見てみよう（「菊屋町文書」大阪府立中之島図書館蔵、人別帳は『大坂菊屋町宗旨人別帳』全七巻、吉川弘文館として刊行）。

文政七（一八二四）年正月一一日に平野屋弥助の倅弥三郎と娘ぢう（じゅう）の二人が病身の親を大切にしたということで褒賞された。この一家は、文政二年七月に日本橋四丁目の借屋から菊屋町の亀嶋屋善蔵借屋に名前人平野屋弥助と女房みつ、倅弥三郎の三人で引っ越してきた。文政四年五月にみつが病死、翌五年六月に奉公に出ていた姉ぢうが戻り、人別に加わる（一時期、下人平吉を抱える）。この段階で褒賞されたが、文政九年九月に弥三郎が女房とめを迎えるとともに、ぢうは下女奉公に出る（ぢうは翌年六月病死）。その後、文政一〇年三月に孫の定吉が生まれ、安定するかに見えたが、翌年九月には菊屋町から久左衛門町の借屋に転宅する。この例では、九年余り菊屋町に居住していたが、それでも褒賞後、程ならず転宅している。

天保一一（一八四〇）年五月八日に米岡屋平蔵の姉きくが、父平蔵が病死した後、年季を決めて茶立奉公に出、母しやう（しょう）の生活を支え、さらに暇を受けた後は肢体不自由なうえ癇症（神経過敏）の母へ手厚い看病・世話をしたとして褒賞された。名前人の米岡屋平蔵は、きくの父平蔵の倅で、父の死後その名前を継いだものである。平蔵と娘かね、母しやう、姉きくの四人の一家は天保九年六月に本相生町の借屋から菊屋町播磨屋利兵衛支配借屋に引っ越してきた。その後下女よしを抱えたが、天保一一年五月の褒賞の四ヶ月後に難波新地二丁目の借屋に転宅した。きくの一家は二年余で引っ越したのである。

この菊屋町の二件の褒賞の理由書には、転宅のことはまったく記されていない。これを踏まえて考えると、わずかな契機で過酷な生活状況に陥いる都市下層民衆は、あちこちの借屋を転宅する流動的なあり方を特徴としていたのではなかろうか。ただし、褒賞を行う町奉行所の関心は、親孝行や主家へ誠実に勤めるという点に集中し、引っ越しという経歴にそれほど重きを置いていなかったのだが。

†養子、婚姻、独身

転宅とも関わって、養子の多さが問題になろう。第二章で女名前の借屋が禁じられたことから、〈養子を迎える〉〈同家人となる〉〈縁付く〉という形で借宅するのに必要な男の名前人を確保することが必要になったことを紹介したが、これら三つは名前人を借りるという点で本質において共通する事柄であった。

この点を踏まえると、綿屋くみが倅の徳兵衛の死んだ後、寅蔵を養子に迎えたのは、まさに名前人を借りる行為であったと言える。それは、「外に名前人これ無きに付き」寅蔵を養子に迎えたと言われていることに明らかである。寅蔵が幼少（八歳）なので実父母方で育てているとあり、養子としての実質がないことは明白である。

文化七（一八一〇）年八月二五日に褒賞された谷町三丁目袴屋藤兵衛借屋の大黒屋あさと妹せう（しょう）（表4-1⑯）の場合は、その二一年前に父庄助が病死した後、あさに聟養子を迎え、男女三人の子供が生まれたが、聟と三人の子供が亡くなり、多病の母りつと三人になったところで、六年以前、七歳の清次郎をあさの養子に迎えた。これが褒賞時の名前人大黒屋清次郎だという。この場合、清次郎は「日雇奉公」で外に出ているということなので、それなりの実態が伴っているが、最初の時点で名前人を借りるという側面を有していたことは明らかである。

養子関係がすべてこうした便宜的なものだったわけではないであろう。しかし、女性だけの家族となった一家が借宅しようとすれば、男の名前人が必要だったのであり、名前人を借りるための養子が生じることは避けられなかったのである。

婚姻も同じように便宜的な場合が見られたであろう。河内屋ゆきが、最初に伝兵衛と結婚したのは、懇意の者たちが「誠に貧苦の様子に付き」世話してくれたものであり、入夫の約束の伊右衛門もゆきの様子を懇意の者が見兼ねたからであった。これらは内実がないとは言えないが、生活上の都合で容易に結合し、また別れる様子が見て取れるであろう。あるいはそこに、都市下層の不安定な者たち同士が支えあって生きている様子を見るべきかもしれない。

婚姻が生活に迫られた場合が見られる一方で、独身でいることが孝心の表れであるというような事例も多く見られる。寛政二（一七九〇）年四月に褒賞された播磨屋源兵衛兄弟・姉妹は、母の看病の差支えになることを懸念して、「妻をも呼迎えず」「縁付をも致さず」ということであった。文化二（一八〇五）年二月に褒賞された山家屋弥兵衛は、女房を迎えたらどうかと言われても、「若し母の気に叶わざる時は、自然と介抱も疎かに相成り候道理」と考えて独り身でいた。先のあさとせうの場合も、両人とも年頃の者なので縁談が来たが、「母の介抱行届かず候」ことを理由に断ったということである。

寛政七（一七九五）年二月に忠勤で褒賞された爐屋太右衛門の下人善太郎（四〇歳）も、別家の約束も果たされず、このままではこの先不安なので「宿を持ち、女房を呼迎え然《しか》るべし」と勧められたのにも、別家が叶わないのも主人の責任とは思わない、身の不運であるとして「一途に主家相続の儀に心を尽し」たとある。

独身でいることが、親への孝心や主家への忠心を表現することとして、褒賞理由に挙げられている事例は他にも多数見られる。これは「家」の存続を危うくするものであり、ふつうに想像される「家」存続を第一とする封建道徳とは背反していると言えよう。それは生活上の都合で行われる婚姻のあり方（擬制的な「家」）とも表裏の関係にあるように思われる。また、当事者同士の合意のみに基づいて行われる（はずの）現代の結婚の価値観とも大きく相違していよう。

†都市民衆にとっての「家」

家族の中心となる者の病気や死亡、被災などのわずかな、しかし、さまざまな契機で過酷な生活状況に陥り、三郷を転々と移動する様相からは、不安定な裏借屋人の状況が浮かび上がってくるのである。

そもそも、親への「孝」や主家への「忠」は、イデオロギーレベルでは「家」秩序を前提ないし基本においていると言えよう。しかし、ここまで見てきた都市下層民衆の実状は、安定的な家を確立させているとは言えないものであった。言うまでもなく、家持は女名前が認められていたが、これは男女を問わず血縁者に家産を相続させることが広く根付いていたからだと思われる。つまり、家持町人層においては、相続すべき家を確立させていたと言える。そうした階層においては、養子は家存続のためのものであった。

一方、相続すべき家産を持たない下層民衆においても、広く養子が見られたが、そこには別の要因（名前人を借りる）が働いていたのである。また、独身でいることが「孝」や「忠」の強調となっている論理に見られる「家」存続との矛盾、あるいは生計の便宜のための婚姻と離別は、都市下層民衆にとって「家」が安定的に存続するような状況になかったことの表現ではなかろうか――もちろん、彼らにおいても肉親の情が結びつける情愛（結び合い）は当然の前提であろうが！

容易に破片化（個人化）する「家族」、一方で、それらを奉公で包摂し、本家―別家関係に編成していく「家」、その相関のなかで存立する都市社会の現実が存在していたと言えよう。

第三部

都市民衆の諸相

——生業と扶助

歌川國員「浪花百景 道頓堀角芝居」(大阪市立中央図書館蔵)

第七章　町の扶助と仕事

†町内の相互扶助

ここまで見てきた褒賞された人たちは、できるだけ他からの援助を受けず、様々な仕事に精を出し、自力で状況を切り拓こうとする姿勢が見られた。また、そのことが孝心の表れとして受け止められていた。しかし、それらの事例の中に、都市下層民衆の世界に存在する近隣のつながり、相互扶助の力を見出すことができる。本章では、そこに焦点を合わせて見ていく。ここでも、まずは表4−1・5−1の事例から、具体的に見ていこう。

綿屋くみ（表4−1⑱）は、仕事に出かける時には、高齢の母貞寿のことを「隣家幷《ならび》に家主えも心付けの義、頼み置」いていた。そこには、高齢の母に気を配ってもらえるような関係が存在していたのである。伊勢屋佐兵衛の場合（表5−1③）はもっと直接的である。主家の後家清正が家屋敷家財を処分し、家を畳んだ後、困り果てた佐兵衛は、空いていた町内夜番の職に抱えてくれるよう御池通二丁目の「年寄・町人」たちに願い出た。佐兵衛の忠勤を知っており、気の毒に思った年寄や町人たちは、佐兵衛を夜番として雇い、合力（援助）として差し当たり入用な品を与え、大和屋長右衛門の借屋を借りさせた。町内の夜番として雇用することには、相互扶助的な性格を持つ場合があったことがわかる。夜番については、他の事例もあるが、職業のところで改めて見ることとしたい。

これ以外の例を見ておこう。寛政五（一七九三）年二月に褒賞された西高津新地九丁目の備前屋喜右衛門借屋に住む河内屋喜八（二二歳）と吉松（一八歳）の兄弟だが、父は九年前に病死し、重病の母いそに孝養を尽していた（表4－1⑤）。四年前に、これに感心した町内から白米二斗と若干の銀を家内入用として与えることを申し出たとのことである。二人は町内の世話になっては、これまで頑張ってきた詮がないと断ったが、ここには町内からの扶助の存在が示されている。

文化二（一八〇五）年一一月に褒賞された天満板橋町の嶋屋藤兵衛借屋山家屋弥兵衛（鍛冶職：表4－1⑫）は、空心町で家持として葛商売を営み相応に暮らしていた安兵衛の倅であった。しかし、父安兵衛は、商売に失敗し、病死する。その子供男女四人のうち三人が早死にし、弥兵衛が釘鍛冶職を習い覚え、高齢（七〇歳）で病気の母いよと二人で極貧生活を送っていた。冬の寒い夜には自分の蒲団も母いよに掛けていたが、どうしようもない極寒の夜には貸蒲団（一夜八銭）を借りて凌いでいたところ、これを聞いた同町内の広嶋屋喜八が感心して、自分の持つ蒲団を貸してくれたと言う。

これらは、ほんの一例に過ぎないであろうが、近隣の相互扶助的な関係が存在していたことは間違いない。

†都市下層民衆の職業

次に、孝子・忠勤褒賞の事例から、都市下層民衆を中心とした職業の状況を垣間見よう。表4－1・5－1の事例から、褒賞を受けた本人、その家族らの携わった職種を列挙してみる。

《表4－1　孝子褒賞の事例から》

①家職の籠細工（少年）　②家職の燈心職（少女）　③綿実の挽売

⑤（父の代より――少年時から）古綿打　⑥（父）縫職／（一五歳から）提灯張・夜番

⑦父の家業の塩魚・青物・雑菓子類小売／家業とともに玩具作・銭指綯《ぜにさしない》（少年）

⑧（父）煙草入縫職／毛綿絞括（少女）、兄は通い下人奉公

⑨縫仕事洗濯・帆毛綿刺（少女〜）〔⑪船稼ぎ・沖船頭（親子）／農業・織物（女房）〕

⑫（父）葛商売／釘鍛治職（幼若から習い覚え）
⑬（父代より――少年時から）町髪結職／硝子細工物辻売（少年）
⑭（母）按腹渡世／組糸・提灯の下職・町内小使（少年）
⑮（父代より――少年時から）夜番／籠細工・下駄職（少年）⑯縫仕事洗濯（女）
⑰毛綿鼻緒・足袋類手職　⑱働渡世（男）／縫仕事洗濯（女）
⑲（父）経師職／［身売奉公も厭わず――少女］

《表5－1　忠勤褒賞の事例から：〔　〕内は主家の家業》

①〔家業とのみ［金融関係か］〕②〔爐・提灯の棒拵え〕
③〔両替商→煙草入小間物商〕／本綴じ・夜番　④〔大工職〕
⑤〔米仲買・醤油商売〕／醤油荷売・搗米商売　⑥〔家業とのみ［金融関係か］〕
⑦〔墨屋〕

ここには多様な職業を展開させながら、暮らしを成り立たせている民衆の息遣いが感じられる。忠勤褒賞に見える職業は、奉公先のものであり、両替商や米仲買など大規模な商家と思われるものが多い。大工職や爐・提灯の棒拵え職なども職人親方だと想定される

（もちろん、これらも経営困難に陥るのだが）。一方、孝子褒賞の事例に見える職業は、本当に多様であり、民衆的な職業と言えよう。これらの内、個別に注目されるいくつかは、次章以降で取り上げる。ここでは、全体として注目される点を考えておこう。

†家業・家職

第一に注目されるのは、褒賞理由では、男女ともに家業・家職に励むという表現が多く見られることである。家職の内容が記されないものもあるが、いくつかの例を見よう。大和屋熊次郎（一四歳）と馬之助（一〇歳）の兄弟（表4－1①）は、家職の籠細工に励んでいる。大和屋卯兵衛養女かう（一五歳・表4－1②）は、亡養父からの家職の燈心職で相続していくようにとの養母の遺言を守っている。父の代からの古綿打ちも同様であろう。ここで挙げられている家職・家業は、手広く営まれる商工業ではなく、零細な手細工である。一方で、父の職種と違う稼ぎで生活を支えている者も多い。女性や幼年者では無理な職種もあったのであろう。

第二には、それらの職種は多様であるが、主要なものを大きく次の二つのグループに分けることができるように思われる。一つは、籠細工、燈心職、煙草入縫職、釘鍛冶職、毛綿鼻緒・足袋類手職、籠細工・下駄職などのような零細な物作り職である。もう一つは、塩魚・青物・雑菓子類小売、醬油荷売（担い売）、硝子細工物辻売などの振売（小売の行商）である。
褒賞事例全体の事例から、同様な物作り職と思われるものを拾うと、次のようなものが挙げられる。

足袋職／木綿小売足袋類仕立職／硝子目鏡細工／瀬戸物焼継渡世／唐弓弦職／塗師職／傘轆轤／板摺職／提灯職／傘張職／草履職／畳職

一方、振売や零細な小売と思われるものを拾ってみよう。

小魚商（魚売）／塩魚売／蒟蒻荷売／呉服物荷売／古道具商売／乾物荷売／筆墨商い／漬物商／古手商／青物店商（青物荷売）／米搗き荷売（搗き米商）／煮売商／小間物売（小間物類背負い商い）／鯡昆布荷売・米小麦粉商／果物辻売／雑菓子店／煙草入金物類小売／油荷売／売薬（薬種屋）／紙屑買

零細な物作り職として拾えるのは、そう多くないかもしれないが、振売の場合、仕入れて売るものと加工して売るものとがあると思われ、両者のどちらかに区別しにくいものもある。これらの多様な物作りや振売は、借屋層、それも裏借屋層の中核的な生業と言えるのではなかろうか。両者とも、男女ともに携わっているが、前者は男性の方が多く見られる。

†男の仕事、女の仕事

第三には、男性の職域とも言える分野の存在である。先に物作り職として挙げたものでも、職人と言っていいような職種は男性が一般的と言え、また大工職などは男性固有の職業であろう。しかし、ここでは資本も職能も持たない民衆の稼ぎとして広く見られた、働き渡世（単純肉体労働）に注目したい。表4-1・5-1の事例では、河内屋ゆきの父が日雇働き渡世であり、綿屋くみの夫丈助が働き渡世であった。それ以外では、たとえば文化七（一八一〇）年四月に褒賞された阿波屋又次郎は、両親が早死にし、祖父が亡くなった後「幼少の身分にて小商ひ又は働き等仕覚え、出精」し、祖母を支えていた。天保八（一八三七）年九月に褒賞された白髪町堺屋文次郎は、昼は仲仕働き渡世（浜での荷役労働）で、夜は町内夜番人に雇われていた。

これらの働き渡世は、吉田伸之氏が都市下層民衆の存在形態として概念化された「日用」層（労働力販売者層）に相当しよう。阿波屋又次郎の事例は、「日用」と「店衆」（小商い）との近似性という指摘とも符合する（吉田一九九二）。ただし、日雇働きは男性だけには限られなかった。嘉永元（一八四八）年六月に褒賞されたうめ（四六歳／播磨屋久兵衛嫁）は「近隣へ日雇働きに罷り越し、相稼」いでおり、大和屋仁兵衛（五〇歳）は「母とよ諸共《もろとも》日雇働」きしていた。

第四に、職業における女性の領分という点である。もちろん、先の諸種の職業・家職に努める女性もあり、そこではっきりとした男女の境界があるわけではない。しかし、女性が単独で賃銭を稼ごうとする場合、広く見られるのは縫仕事洗濯である。河内屋ゆきは、昼のうちは縫仕事や洗濯に雇われ、夜は帆毛綿を刺していた。綿屋くみは、一人の縫仕事洗濯などの働き賃銭で長寿の母と暮らしていた。大黒屋あさも「縫仕事洗濯もの」のわずかの稼ぎで病気の母りつを妹せうとともに看病・世話していた。

その他、文化九（一八一二）年一〇月の増井屋藤吉の娘まさは、「洗濯手縫仕事等」で、嘉永五（一八五二）年四月の木屋虎之介（一二歳／代判佐兵衛）下女のなかは「縫仕事を外より請」け、坂本屋ちう（ちゅう）も「縫仕事」で、安政五（一八五八）年五月の和泉屋吉兵衛女房すえは「洗濯針仕事」で、文久元（一八六一）年八月の石見屋惣四郎の姉こまは「洗濯縫仕事等」で働いたとされている。このうち、なかは木綿織や雑菓子売とともに、ちうは三味線指南をしながら、こまは小間物類背負い売りの手透きに、縫仕事洗濯で稼いでいるとある。

ここで注意しておきたいのは、縫仕事はいつも洗濯とセットであり、また、仕事先に雇われて働くものだったことである。そのことは、縫仕事が呉服仕立て職ではなく、他家での家事仕事の補助労働と見做すべきことを示しているのではなかろうか。ただし、下女として特定の家に奉公しているようには読み取れない。「家事仕事の補助労働」と表現した所以である。別の稼ぎと一緒に行われていることもそれを示していよう。縫仕事洗濯は、まさに女性の領分と言うべき職域である。

なお、女性に関わる職種としては、天保期以降には遊女や茶立奉公人などが褒賞される事例が見られるようになるが、これは別途に章を改めて検討する。

第五には、先に町内からの相互扶助という意味を持ったのではないかと指摘した町内夜番人の存在である。この点からは、町代や髪結渡世などの町と関わる職業も注目される。次に節を改めて、町内夜番人について具体的に見ておこう。

このほか、やや特殊な職種として、歌舞伎役者や陰陽師、あるいは三味線指南、按摩《あんま》・按腹渡世の者なども褒賞されている。これらについても後の章で触れたい。

†複合する生業

ここまで褒賞された者やその関係者の渡世・生業について見てきたが、そこには都市下層民衆の職種・職業が見てとれた。都市大坂全体を考えると、忠勤褒賞のパターンiiiとして挙げた別家手代として登場する者がいたことを念頭に置く必要がある。それらには、家業・家職とか、商売とか言われるだけで、具体的な中味は触れられていない。しかし、先に紹介した薬種中買商もその一例であるが、それ以外に様々な物品を取引する問屋（諸国問屋／魚問屋・青物問屋・油問屋など）や米中買、呉服商、銅吹屋、酒造業、あるいは両替屋などの金融業、などなどの大店も存在していた。

先に見たような職種・生業は、都市下層民衆が、いくつも兼ねながら日々生活を成り立たせるためにいそしんだものの一部である。総じて言うと、都市の経済と社会の成熟（社会的分業の進展）に伴って、都市民衆が従事する多様な生業が生み出され、生きていくための条件が形成されていたことが示されていると言うことができよう。そして、こうした多様な生業を兼ねながら生活を成り立たせているあり方を複合的な生業構造と呼んでおきたい。

†町内夜番

先に触れたように、夜番には町からの扶助の意味があったと思われる。町に雇用された職種として、夜番以外にも町代や髪結があった。ここでは、これらの職種について見ていくことにしたい。

三郷のほとんどの町には、町人たちの寄合などを行う会所があった。会所が置かれた会所屋敷は町中持（共有）であることが普通だったが、表側に借屋を置くこともあった。町の運営には町年寄や月行司だけでは十分ではないため、町代が抱えられた。町運営の実務を担う町代は、会所が仕事場だったが、会所屋敷の家守の立場を兼ねることも多かった（呉二〇一五）。さらに、その下で町内の仕事を分担する夜番や髪結が雇用されることも多かったのである。このうち具体的なことがわかる夜番について、最初に取り上げよう。夜番は、夜間の火の用心や泥棒などを警戒することが仕事である。

忠勤褒賞のパターンⅱの事例として取り上げた伊勢屋佐兵衛は、主人の後家清正を抱えて困っていた時、町内に相談して夜番に雇ってもらい、借屋も用意してもらった。そして佐兵衛は、夜番をやりながら本綴じの内職をしていたのであった。町内夜番に従事している事例は、この伊勢屋佐兵衛を含めて、八件見られる。

文化七（一八一〇）年二月八日に褒賞された天満七丁目の池田屋三郎兵衛の借屋に住む綿屋市兵衛は、親子二代にわたって町内の夜番人を勤めた（表4－1⑮）。その事情を見ておこう。なお、市兵衛の家族関係は、図7－1次の通りである。

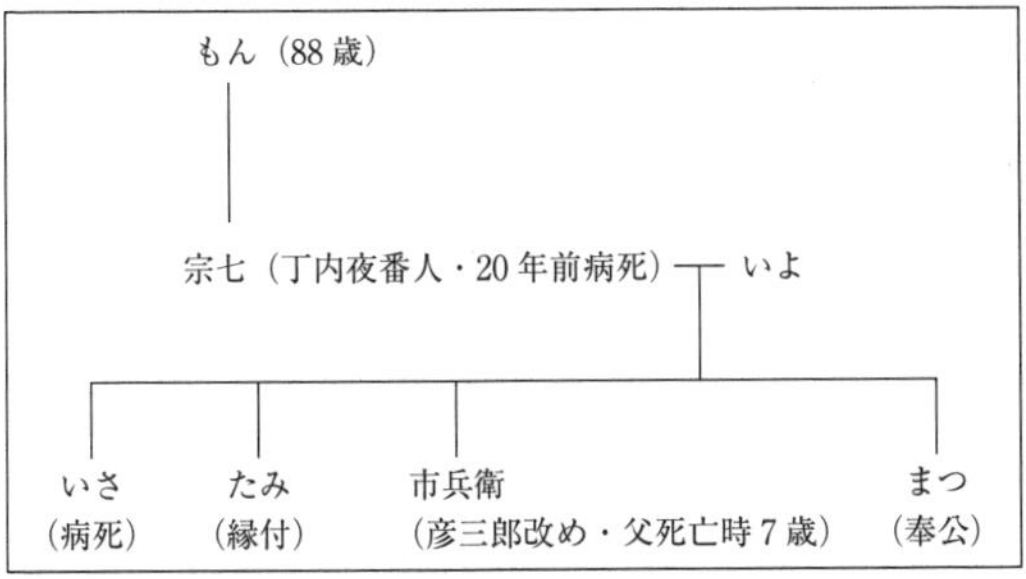

図7－1　市兵衛の家族関係

◎二〇年前に病死した父の宗七は、町内夜番人であったが、祖母もん、母いよ（まつを懐妊中）、幼年の子供三人が残されたのを、町内の者たちが不憫に思い、彦三郎が成人したら夜番人として雇うことを約束し、一家に合力（援助）を与えた上で、別人を夜番人として雇用した。

◎彦三郎は、一〇歳から夜番の見習いとなり、成人後、市兵衛と改名し、夜番本勤となる。昼は、町内会所屋敷の掃除や町内用向きの小使い、あるいは町人の外出のお供《とも》などに従事し、その空いた時間には籠細工や下駄職を習って働いた。また、町人方に来客の際には勝手向きの手伝いに行くこともあった。

ここでは、市兵衛の祖母・母への孝行ぶりについては省略する。また、亡父宗七への年忌の供養については、第四章で紹介している。町内夜番として召抱えることは、市兵衛の場合にも、町内からの扶助の側面を持っていたことが明らかである。さらに注目しておきたいのは、市兵衛は、夜間の番人の仕事だけでなく、昼には町内の用事や町人個人の用事を足していたことである。これは、伊勢屋佐兵衛（表5－1③）の場合も同様であったが、夜番人は丁代の指揮の下で町用を担ったのである。

また、市兵衛は手隙の時間に籠細工や下駄職を行っていた。佐兵衛は本綴じの内職をしていた。すでに高齢の佐兵衛の場合は、家計にプラスになることだけを求めたのかもしれないが、市兵衛の場合には、夜番人という立場からの自立を希求していたと考えられないだろうか。

†副業としての町内夜番

伊勢屋佐兵衛や綿屋市兵衛は町内の夜番に当たるだけでなく、町代の下で町の仕事を補助していた。これを第一のタイプとするならば、町内夜番には、もう一つのタイプがあった。次に挙げる人たちはいずれも、昼は別の渡世を持っていて、夜だけ町内夜番人に雇われていた。第四章で紹介した酒辺町の大和屋宇兵衛の倅源兵衛（二三歳・表4－1⑥）は、父宇兵衛が一〇年前に眼病を患い、母くにも大病で腰も立たない状況のなかで、父母の看病と世話に努めるとともに、昼は提灯張職で稼ぎ、夜は夜番に雇われて働いた。また天保八（一八三七）年八月に褒賞された白髪町の堺屋文次郎は、昼は仲仕働き渡世をし、天保一二（一八四二）年六月に褒賞された橘通二丁目の播磨屋治助の倅万治郎は、昼は病気の父治助に代わって家業の漬物類商いに精を出し、さらに嘉永四（一八五一）年六月に褒賞された北勘四郎町の淡路屋徳兵衛の倅吉之助（一八歳）は、昼は家業を助けるとともに、夜は町内夜番に雇われていた。

また、嘉永四年一二月に褒賞された釘屋町に住む川村屋亀吉の父得兵衛は、病気になる以前には、昼は炭商いに従事し、夜は町内番人に雇われていたとある。嘉永五年一〇月に主家岡屋佐兵衛に対する忠勤で褒賞された下人又兵衛（四七歳）は、主人佐兵衛が病気のため身上不如意となり、佐兵衛の弟平野屋由兵衛方への同家となり（九年前）、そこから、岩田町の綿屋三郎兵衛借屋に引っ越した（七年前）のだが、そんな主家を、昼は按腹療治や日雇働きで働き、夜は町内夜番に雇われて支えたとある。

これらは、いずれも昼の渡世を持つ者が、夜だけ夜番に雇われるというものである。この場合、昼に町用を足すことは無理であろう。しかし、これらも困難な状況にある者に対する扶助の意味を持つ点では、第一タイプの夜番人と共通する性格を持っている。第一のタイプも第二のタイプも、夜番の仕事だけでなく、他の種々の稼ぎと合わせて生活を支えていることも共通の特徴である。さらに、これらの事例はすべて男性であるが、夜番は先に触れた（日雇）働き渡世（日用層）と同質の男性の職業でもあることに注意しておきたい。

第六章で養祖母きよへの老養扶持について紹介した西高津新地九丁目の樋口屋勇蔵（一七歳・表4－1⑭：文化六〔一八〇九〕年に褒賞）は組糸や提灯の下職などを経て、しべ箒（わら箒）作りを主としながら、「丁内小使等」に雇われ、日夜出精したと言われている。文化一〇（一八一三）年六月に褒賞された西高津町河内屋藤吉支配借屋に住む津山屋丑松は、父源助が家出して祖母とよと二人で残されたが、「近辺等へ小使に雇われ」、その賃銭で暮らしていた。町内の小使に雇うことも、一面で扶助の意味を持っていたであろう。

†町代

町代もしくは元町代が孝子として褒賞された事例は五件ある。町内夜番はすべて他の生業を合わせた複合的な稼ぎが特徴だったが、町代にはそうした事例は一件もない。そこには町代という仕事の特質が表現されているのであろう。その五件は、次の通りである。

・文化一四（一八一七）年一一月二日　北堀江二丁目町代　次兵衛
・文政二（一八一九）年一一月二日　阿波橋町　町代　直作
・天保元（一八三〇）年三月二〇日　京町堀一丁目町代　延助
・天保一〇（一八三九）年七月一九日　橘通二丁目［元町代］古金屋清介支配借屋　住吉屋宗助
・天保一一（一八四〇）年五月八日　江戸堀五丁目・崎吉町兼帯町代　八郎兵衛

一例として、八郎兵衛の褒賞の通達を上げよう。

江戸堀五丁目
崎吉町　　兼帯丁代　八郎兵衛

右八郎兵衛義、兼て丁内律儀《りちぎ》に相勤め、平生養父母へ大切に相仕え居り候処、養父母共病気に取合い候に付き、女房みさえも申付け、倶々《ともども》薬用・介抱行届かせ、その上実父清兵衛義、老衰にて渡世向相成り兼ね候に付き、養方親類相談の上引取り、相育み居り候処、是又病気差発り候に付き、薬用・介抱行届かせ候得共、三人共老病の義、養生叶わず、追々相果て候義とは申しながら、何れも存生中孝養を竭し、死後は仏事等懇に相営み（候）次第、奇特に付き誉め置き、鳥目五貫文取らせ遣し候、隣接する江戸堀五丁目と崎吉町の両町の兼帯町代である八郎兵衛は、町代の仕事をきちんと勤め、普段から養父母と実父の三人の看病・世話に尽くし、その死後は懇ろに仏事を営んだとして、褒美として銭五貫文が下されたのである。一九世紀には、複数の町の町代を兼帯することが見られるようになるが、これはその一例である。この例のように、町代の地位を保持するための養子はよく見られた。町代の家同士のネットワークが形成されていたのである。

生存中の両親（養父母）の看病・世話と死亡後は懇ろに弔うという孝子褒賞の条件を満たす適例と言えるが、他と異なる点が二点ある。他の事例では、住所と屋号・名前が記されるが、ここでは「町代」という肩書で、屋号はない。もう一つは、町代の職務に精励していることが言及されている点である。この二点は、現役の町代である次兵衛・直作・延助の三人についてもまったく同様である。しかし、元町代である宗助は、居住地（町名と借屋主名）と「住吉屋」という屋号が記されている。褒賞理由については、宗助の病気の兄藤三郎への介抱と町代としての勤め方、具体的には町内の難渋人の救済や病人の世話などに尽力したことが上げられている。兄への介抱というのもあまり例がないが、町内の困窮人や病人に対する対応という点は町代の勤め方として何が求められているかがうかがえて興味深い。

これらの事例では、町代は他の生業に従事しているという記載はまったく見られず、夜番人の複合的な生業のあり方とは対照的である。町代はそれに専念するべき職務であることがうかがえる。町年寄の精勤に対する褒賞と並んで、職務に精励したという町代が褒賞された事例も見られる。一例を挙げると、天保七（一八三六）年四月に阿波町年寄金屋七郎右衛門が役儀出精・町入用縮減・町内取締りが良いとして褒賞されたが、同時に同町の町代平蔵が「町中より扶助請け居り候身分を弁え、諸事慎み方宜しく、居丁人始め借屋人共えも敬礼を尽し、丁用等誠実に相勤め」（町内から扶助を受けているという自分の立場を自覚し、すべてにわたって行動を慎み、町人だけでなく借屋人に対しても敬意を払い、町用を誠意をもって勤め）たとして褒賞されている。町奉行所にとって町代の職務精励は、町年寄の職務精励と同様とは言えないまでも重要な問題だったのである（褒賞件数は町年寄の場合よりはるかに少ない）。ここに、町と都市社会における町代の位置が示されていると言えよう。

†町抱え髪結

もう一つ、町に抱えられた職種として髪結がある。大坂における髪結は、床髪結と町髪結が区別される（岡本一九九六）。床髪結は、橋台・辻・浜地などに髪結床を設置して、不特定の顧客を対象に営業することを認められた者たちである。彼らは（髪結仕事の合間に順番に）牢番役を勤めることで自らの地位を床髪結仲間として公定されており、明和元（一七六四）年段階で二〇五人が一〇組に分かれていた。一方、町髪結（町抱え髪結）は、抱えられた町内の顧客を対象に、廻り髪結の営業をしており、床設置は認められていなかった（床を設置して商うのを内仕事と呼び、禁止されていた）。

町抱えの髪結は町代の管轄下にあった。幕末期の三津寺町の髪結職請状（雇用契約書）を見ると、その宛先は同町の町代播磨屋孝七であった（塚田二〇一五）。こうした町代宛の髪結の請状という形式は西高津町でも見られ（岡本一九九六）、他町においても一般的に見られた方式であったと思われる。これらの町抱え髪結の請状では、町代の下で（髪結仕事の合間に）町用を行うことを約束している。

一八世紀には、町抱え髪結を諸町に紹介する口入れ業者が広く展開していた。また、一九世紀には町抱えの髪結は、その地位を実質上の株として確立し、数十両に相当する値段で売買されていたことが確認される。ただし、町髪結株を所有する者が実際の髪結をするわけではなく、髪結手間取（手間賃を貰って働く者、雇われ人）を手代り人として置くことが広がっていた。手代り人が置かれる場合、町用も彼らが勤めたことは言うまでもない。

†町髪結の丹波屋与八

このような髪結であるが、孝子褒賞のなかで一例だけ、髪結の事例がある。文化五（一八〇八）年五月八日に褒賞された油町三丁目の布屋徳兵衛借屋に住む丹波屋与八である（表4－1⑬）。

ここで褒賞を受けた丹波屋与八の家族関係は、図7－2の如くである。この家族関係図を参照しながら、与八の履歴を見ておこう。

◎父の与八は、油町一丁目に住み、髪結渡世をして、図7－2に見える六人で暮らしていた。七年前（享和二年）に病気となったが、その時一三歳だった与吉は以前から父の職業を見習っていたので、幼年ではあったが、代わりに髪結働きに出た。

◎翌年正月に父与八が病死した後、与吉は与八と改名して、髪結渡世の跡を継いだ。この頃、姉つねが病気となり、九月に死亡。

◎五年前（文化元年）、油町三丁目の現在の借屋に転宅する。祖母のとめは七〇歳を越えた盲人だったが、母らくも四年前に重病で寝たきりになる。与八は、弟寅吉にも協力させ、看病や身の回りの世話などを行き届かせ、職業（髪結）に出かけ、夜には「硝子細工物商い」の辻店を出すこともあった。
◎祖母とめは昨年（文化四年）七九歳でなくなったが、母のらくはこの年六月頃から孝行の甲斐あって全快した。

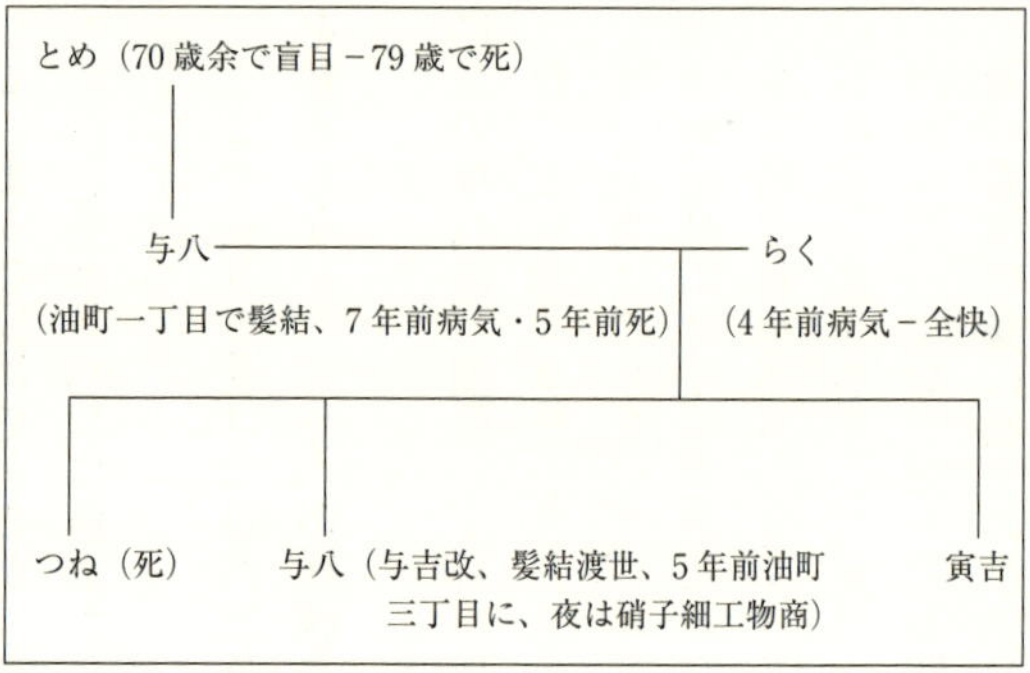

図7－2　丹波屋与八の一家

この説明では、看病や世話の細部、あるいは懇ろな弔いについては、すべて省略したが、第四章で紹介している。父の病死、続く祖母・母の病気で幼い与八は過酷な状況に陥ったが、必死の努力で一家を支えたのである。

褒賞の通達書では、「亡父与八儀、同所（油町）壱丁目に住居致し、同町髪結渡世いたし」と言われているが、この意味は、〝油町一丁目に住み、油町一丁目の「町髪結」渡世をしていた〟と理解できる。父の死後、与吉は与八と改名して「跡髪結渡世」をしたというのも、油町一丁目の町髪結の地位を受け継いだということであろう。父の髪結稼業を見習っていたといっても、一三歳の与吉でも髪結稼業ができたことからは、髪結稼業がさほど熟練を要さなかったことがうかがえる。油町三丁目の借屋に転宅した後も油町一丁目の髪結であったと想定される。別の町に住みながら、近隣の町に抱えられて髪結を勤めることもあったのである。

〝町髪結である丹波屋与八〟が、硝子細工物を商う辻店を出すなど複合的な稼ぎで家計を支える様子や看病・介護など、都市下層民衆としての日常生活は褒賞の理由書の中にうかがうことができるが、これは夜番人とも共通するものである。

以上、孝子・忠勤褒賞の事例から都市下層民衆の職業の多様なあり方も見えてきた。過酷な状況に対し、必死に立ち向かう姿はそれぞれが印象的である。大坂の経済的な発展とそれに伴う都市社会の成熟は、多様な職分・渡世・仕事を生み出し、その複合的な稼ぎによって都市下層民衆も何とか生きていくことが可能となったのである。そこには町内の関係が典型的だが、相互扶助の関係も見出すことができるように思われる。その際、町内夜番人としての雇用が注目される。町抱え髪結にも同様の側面があった。一方で町抱え髪結の場合は、床髪結の下に従属的に編成され、髪結職が株式として確立しているが、褒賞の理由書からはそうした側面はうかがえないことにも注意しておく必要がある。

第八章

大工職・陰陽師・按腹渡世――諸職と仲間

褒賞理由から見えるのは?

前章で町抱えの髪結について見るなかで、彼らの職分が株として確立し、売買されていることを紹介した。また、町抱え髪結の営業は、床髪結の仲間の統制下に置かれていたが、その下で近隣の町抱え髪結同士の仲間組織が形成されていた。こうした仲間組織が彼らの地位を株として確立する基礎をなした。

しかし、そうしたことは褒賞の理由書からは見えてこない。それは、褒賞理由書は孝心を示す行為、忠勤を示す履歴に関心が集中しており、褒賞を受ける人物の社会的な存在形態の全体についてては関心の外にあるからである。

薬種中買商と別家

第五章で忠勤褒賞のパターンⅲとして、別家として主家に何代かにわたって誠実に奉公するという形を指摘した。そこでは具体的な経緯が記されず、詳細は不明なものが多かった。そうした中で、やや褒賞理由が詳細な嘉永二(一八四九)年六月に褒賞された近江屋太右衛門の別家手代近江屋杢兵衛の事例を先に紹介した。近江屋太右衛門は道修町二丁目の家持で有力な薬種仲買商であった。彼は薬種中買仲間に属しており、また別家手代の近江屋杢兵衛も同仲間の一員であった。しかし、その仲間の存在については全く記されていなかった。忠勤褒賞の関心は、近江屋太右衛門家の経営困難や主人の幼年という状況のなかで、別家手代の杢兵衛が幼主を支えて経営を立て直したという点にしぼられているのである。

近江屋太右衛門と杢兵衛の場合ほど詳細は分からないが、天保元(一八三〇)年一〇月に主家近江屋新兵衛家に三代四七年にわたって忠勤を尽くしたとして別家手代近江屋万助が褒賞されている。渡辺祥子氏によると、近江屋新兵衛家は道修町三丁目の借家で薬種中買商を営んだ家であるが、もともとは寛延元(一七四八)年に有力な薬種中買商近江屋藤兵衛家から別家し、その時に薬種中買株を取得し、明治に至るまで薬種中買仲間のメンバーとして存続した。近江屋万助は、二代目新兵衛の時に奉公を始め、四代目新兵衛が幼少の時には代判を勤めるとともに、文化二(一八〇五)年には(すでに別家しており)自身も薬種中買株を取得している。褒賞された天保元年の時点では、道修町三丁目大和屋伊兵衛借屋に居住していた。この事例でも、主家新兵衛も別家万助も薬種中買仲間のメンバーであることはもちろん薬種中買商であることも記されていない。

近世における薬種の流通においては、大坂は重要な位置を占めていた。輸入薬種（唐薬種）は、長崎会所で糸割符《いとわっぷ》本商人が落札した荷物が、大坂の唐薬問屋に荷受され、そこからほぼすべてが道修町に集住する薬種中買商に買い取られ、全国に売却されたと理解されていた。それ故、少し前までは、薬種中買仲間が全国的流通を実質的に掌握し、唐薬問屋は単に名目的に介在しているにすぎないと考えられてきた。

しかし、近年、渡辺祥子氏によって「長崎から大坂の唐薬問屋に送られた唐薬種は、全てが薬種中買を経て諸国へ売られていくわけではなく、江戸のような大きな都市へは、唐薬問屋から櫃単位の大量の唐薬種が、直接送られていた。いっぽう薬種中買が売る唐薬種は、送り先はきめ細かく諸国に及んでいたが、それは基本的に櫃を開封して中身を小分けした、単位の小さい薬種であった。ただし薬種中買は、唐薬問屋から優先的に買出しを行い、その銘柄の薬種について、他者が取引する際にも通用する平均重量を定める役割を担っていた。こうして、唐薬問屋・薬種中買双方がそろうことで、諸国への唐薬種流通の要となり得ていた」ことが明らかにされた（渡辺二〇〇六）。

こうした薬種中買商は、享保七（一七二二）年に和薬改《わやくあらため》会所設置に際し、その運営を担うために、一二四株の薬種中買仲間として公認されたのである。この頃、生産が増えてきた和薬種についても、彼らが大坂の諸品引請問屋に荷受された和薬種を売り捌《さば》く結節点にいたのである。

近江屋太右衛門と杢兵衛の場合も、近江屋新兵衛と万助の場合も、主家と別家の（忠勤）関係に説明が集中しており、どういう営業を行っていたかは関心の外なのである。しかし、彼らを都市社会内に位置づけて理解するには、彼らの営業の内容（薬種中買商）と彼らが形成する仲間組織（薬種中買仲間）を抜きにしては不可能である。その意味では、褒賞関係史料は限界があることを認識しておく必要があろう。

一方、忠勤褒賞において、別家手代（パターンⅲ）が多く見られるが、そのことは、別家を実現することが商家奉公人にとって、格別な意味を持っていたことを示しているとも言える。忠勤褒賞のパターンⅰ・ⅱでは、別家の約束が果たされなかったにもかかわらず、誠実に奉公したという言説もしばしば見られる。たとえば、寛政七（一七九五）年二月に褒賞された爐屋太右衛門下人の善太郎（表5-1②）は、二五歳になったら「元手銀相渡し、別家致させ遣わすべき約束」で奉公したが、主家の身上不如意でそれが果たされなかったのは身の不運と思って、一途に主家相続のために働いたとされている。同じく伊勢屋佐兵衛の場合（表5-1③）も、「別家致させ遣わすべき筈、約束相極め相勤め」ていたが、主家が傾いたため、主人伊勢屋嘉兵衛の後家清正とともに借屋暮らしでその世話をすることになったのである。大坂の商家奉公人にとっての別家は重要な目標なのであった。

孝子・忠勤褒賞の事例を見ていく際にも、こうした褒賞の理由書の特質を念頭において見ていく必要があるのである。本章では、都市の社会組織などは見えないことが多いという特徴を念頭において、いくつかの職種を都市社会の広がりのなかで見ていくことにしよう。

†大工職

忠勤褒賞のパターンⅰの典型例として紹介した若松屋十兵衛は、大工職の親方山城屋太郎兵衛の弟子となり、六代六十数年間にわたって支えたのであった。家を建てる大工は、近世社会に最も広く、かつ深く根差した職人であった。この一件からは大工の働き方がよくうかがえた。十兵衛は、十代半ばに親方太郎兵衛に弟子入りし、腕が良かったために若いうちから棟梁として普請を受け負ったという。弟子の立場でも、棟梁と成りえたのである。棟梁は、他の大工を雇い入れて仕事を行ったが、その際には世話料（仕事の紹介料）を受け取った（もちろん施主から作料〈手間賃〉が支払われたが）。また、大工には得意先があったことも注目される。

大坂の都市社会にも多数の大工職が暮らしていたが、彼らは大きな大工組の組織の中に属していた。京都の大工頭中井家は、大坂を含む五畿内・近江の大工・木挽《こびき》（製材を行う）・杣《そま》（材木の伐出しを行う）の三職の者たちを統括していた（谷一九九二）。中井家は、もともとは法隆寺の番匠（大工）であったが、中井大和守正清が徳川家康に仕え、徳川幕府成立期の城郭作事（二条城・江戸成・駿府城・名古屋城など）を担い、大工頭の地位に就いたのであった。

江戸時代後期には、大坂三郷では北組・南組であわせて二三組、天満組で六組の大工組に分かれ、各組に小頭が置かれていたが、こうした中井家支配が大坂に浸透・確立するのは、一七世紀後期のことであった。大坂では、寛文三（一六六三）年一二月に「当町中に住宅致し候大工の分、家持借屋の者共、先規の如く、万事中井主水《もんど》下知を相守り申すべし」（大坂市中に居住している大工は、家持・借屋人ともに以前からの規則通り、すべて中井主水からの命令を守るように）と触れられた（『「大坂御仕置御書出之写」「大坂御仕置留」』大阪市立大学都市文化研究センター）。これを承知しない者は中井支配外の地で大工を続けるか、大工をやめることを迫られたのである。そして、大工の居住する町において調査を行い、〝中井主水の下知を守ります〟と約束した者は、今回決定した「年寄共」から（組に属していることを確認する）書付を各町で受け取って置くようにと命じられている。

これ以前から、大坂の大工は中井家支配とされていたのだが、大工組に属していない大工が多くいたものと思われる。そのため町の枠組みを通じて、大工組外の大工が禁圧されることになったのである。この時、各組の年寄が決められたのであり、大工組の組織の強化も図られたのである。大工組に属する大工には、提札が与えられ、これを持たない大工を雇うことが禁じられた。

しかし、無札の大工が「徘徊」したり、建具屋・古道具屋・古材木屋などが「敷居・鴨居・天井・床・書院・椽・式台・物干等」の「大工業の細工物」を拵えて売買したり、ということも見られた。それらに対しては、大工の渡世に支障を来すとして、それらを禁じる触が出されている（以下の町触は『大阪市史』第三・四巻による）。特に、「無札の大工」を雇うことを禁ずる町触は、延享元（一七四四）年四月を最初として繰り返し出されている。もちろん「無札の大工」が生み出される社会的実態を抑制することはできなかったが、中井家支配を公認のものとする体制は基本的に揺るがなかったのである。

水野忠邦によって主導された天保改革によって、天保一三（一八四二）年に株仲間解散令が出されたが、中井家支配下の大工組も大きな影響を受けざるをえなかった。しかし、仲間組合の禁止の建て前から、あくまで〝大工・杣・木挽たちの「組合」と称することは禁止され、どこの大工を雇っても勝手次第〟とされたものの、当時の中井家当主岡次郎が江戸の幕閣と交渉した結果、これらの職人は多人数なので（その取締りのため）、中井家より地域（「向寄」）ごとに人数改めの者を任命し、「印札」（提札）を発行することが認められたのである。大坂市中には、天保一四年二月にこれが通達されている。

これにより、これまで「組」と称していた組織が、今後は「向寄」と称されることとなったが、実質的には中井家の大工支配とその下での大工組織は、ほぼそのまま継続したのである。ただし、大坂ではそれまで二三組だったのが、組織再編があり、二四向寄となったのであるが。

以上のように、大坂で大工職を生業とするためには、大工組に所属することが必要であった。しかし、褒賞された若松屋十兵衛やその親方山城屋太郎兵衛について、所属大工組などに関してはまったく言及されていない。実際、そんなことがありうるのだろうか？

大坂の大工の九番組（天保改革後は一〇番向寄）の史料が残されている（『大坂三郷大工組記録』大阪市史史料六一）。それによると、弘化三（一八四六）年に、一〇番向寄の人数改取締役の大和屋清助が大坂全体の大工年寄となったため、もうひとり人数改取締役を選ぶこととなり、南久太郎町五丁目の山本屋太郎兵衛が任命されている。この時、一〇番向寄には山本屋太郎兵衛の他、年行司の亀屋佐兵衛と四〇名の大工が所属していた。山本屋太郎兵衛は、以前には大坂全体の大工年寄だった時期もあった。先の褒賞事例の山城屋太郎兵衛は、南久太郎町五丁目の家持だとされており、名前の類似から見て、九番組（一〇番向寄）の山本屋太郎兵衛と同一家の人物であり、屋号が誤っているものと判断される。山城（山本）屋太郎兵衛は大工組に所属する有力者であり、若松屋十兵衛はその弟子だったのである。

大工組の史料には、「得意」の売買証文なども残されている。大工の得意先との関係は、単にしばしば仕事を依頼するというようなものではなく、大工組の組織によって相互保証しあう仕事の「縄張り」（得意場）の性格を持っていたのである。こうした得意（出入）関係が固定され、「株」や「場」の形で物権化されることは江戸時代に広く見られた。髪結の株や非人の垣外番株などもそうした例である。江戸では、家守の地位や木戸番の仕事も家守株や木戸番株となっている（塚田一九九二）。これは、江戸時代の身分社会としての特質を表現するものである。

山城（山本）屋太郎兵衛や若松屋十兵衛が、こうした大工組の一員であったことは、忠勤の理由を説明する上では、視野の外に置かれていたのである。彼らを社会的存在としてトータルに捉えるには、こうした側面を見ていくことは不可欠である。翻って、十兵衛は褒賞された寛政八（一七九六）年から六三年前に山本屋太郎兵衛に弟子入りしたのであるから、それは享保末年に当たる。その間、大坂大工組の年寄も勤めた有力な大工の山本家でも、家の存続の危機に瀕していたのである。褒賞関係の史料は、こうした事情をうかがわせてくれる点で貴重なものと言えよう。

†陰陽師と勧進宗教者

次に、様々な祈禱・御祓いや札配りなどに対する喜捨で生存を確保していた勧進宗教者の一つである陰陽師《おんみようじ》について見よう。文化一〇（一八一三）年六月一日付で褒賞された織田孫太夫は、土御門《つちみかど》家配下の陰陽師であった。その理由書は次の通りである。

西高津新地五丁目　榎並屋源兵衛支配借屋
土御門配下陰陽道　松之助事　織田孫太夫

右孫太夫儀、幼名松之助と申し、父母とも先達て相果て、幼少より祖父孫太夫・祖母たかの養育を請け居り候処、右孫太夫極老におよび、去々未十二月病死致し、たか儀も極老に付き、松之助若年ながら祖父孫太夫の職業の陰陽道をその儘《まま》請け継ぎ、孫太夫と改名、日々荒神祓《こうじん》に罷り出で、聊《いささ》か宛の米銭等応々志を請け、たかを大切に相育み、同人好み候食物《たべ》等調《ととの》え帰り給させ、職業出精、孝養を竭し候段、奇特に付き誉め置き、銀壱枚下さるこの事例は経過に複雑さはないが、父母の死去、残された若年の松之助が高齢の祖母に孝養を尽くすという孝子褒賞のパターンⅠとⅡの両面を合わせた形である。織田孫太夫の肩書に「土御門配下陰陽道」とあり、京都の公家土御門家を本所とする陰陽師組織に属しており、その職分は市中を荒神祓い（かまど祓い）で廻るような勧進宗教者だったことがわかる。しかし、褒賞理由の通達には、その土御門配下の陰陽師組織の中での位置は示されていない。

天和三（一六八三）年に土御門家の陰陽師支配を公認した幕府の全国触が出されたが、それが同年一一月に大坂の市中にも町触として触れられている。さらに、寛政三（一七九一）年に全国に再触れされたのを受けて、大坂でも同年五月に陰陽道職業の者は土御門家の支配を受けるように触れられた。これを画期として、以後、文化七（一八一〇）年二月、天保五（一八三四）年六月、安政六（一八五九）年五月、慶応三（一八六七）年五月に繰返し同内容の町触が出され続けた。これらの背後に、一七世紀中から、陰陽師集団が展開していたことが予想されるが、その時期までにどこまで土御門家支配下での組織化が進行していたかは不明である。しかし、一八世紀末から一九世紀にかけては、大坂には一〇〇名ほどの陰陽師が存在していた。

表8－1　近世後期の勧進宗教者

	本山下山伏	当山下山伏	大善院下在領山伏	熊野比丘尼	陰陽師	六斎念仏	鞍馬願人	白川家神祇道	吉田家神道方
松平石見守殿御初入ニ付差出御覚書（天明7年）	59	15	－	14	95	0	34	11	－
町奉行所旧記（文化5年）	51	17	8	0	67	寺1	37	6	67
手鑑拾遺（安政4年頃か）	27	16	7	0	96	45	21	9	169

この頃、大坂市中には、陰陽師だけでなく、山伏、六斎念仏、願人坊主、神道者（町神職）など多様な勧進宗教者が併存していた。彼らは、本所・本寺の下で組織化を遂げ、町奉行所に把握されていたが、その人数は表8－1の如くである（塚田二〇〇七）。

本山下（本山派）山伏は、天台宗の聖護院を本寺とする修験で、熊野三山を拠点とした。当山下（当山派）山伏は、真言宗の三宝院（醍醐寺の塔頭《たっちゅう》）を本寺とする修験で、大峰山を拠点とした。一七世紀後期の大坂には、当山派山伏は三組一六〇人余りがおり、本山派山伏は五組七五人がいたが、一九世紀には人数が減るとともに、本山派の方が多くなっている。同じく熊野比丘尼《びくに》は、一七世紀には七〇人ほど見られたが、一九世紀には皆無となる。一方、神道系の者は一七世紀には把握されていないが、一九世紀には、京都公家の白川家と吉田家を本所とする神道者（町神職）が見られるようになり、特に吉田家配下の者が激増する。同じく陰陽師も近世後期に激増しているのである。

鞍馬願人や六斎念仏は、一七世紀から一定人数が存在していた。願人坊主とは、鞍馬寺大蔵院を本所として組を編成し、正月の鞍馬の札配りや金毘羅社や秋葉大権現への代参を名目として市中の家々を鉦《かね》を叩いて勧進したり、住吉踊りなどの芸能を生業とする者たちであった（吉田二〇〇〇b）。六斎念仏は、六斎念仏を名目とする乞食坊主で、鉦叩《かねたた》きとも呼ばれた。一七世紀には、宝山組と西方寺組の二組からなっていたが、西方寺組のグループは組頭を住職として、融通念仏宗の本山・平野の大念仏寺の末寺の位置づけを得ていた。表8－1で一ヶ「寺」とされたり、四五人とされるのは、このためである。

これらのグループは、相互に市中での勧進をめぐって競合していたが、それが組織化を進める要因でもあった。しかし、一方で、実態のレベルでは近似しており、相互に流動性を持っていた。たとえば、文政五（一八二二）年一〇月に白川家神祇《じんぎ》道（白川家配下の町神職）に入門した田中兵庫他五人は、陰陽師からの集団移動だった（「土御門家配下陰陽職の者にて、この度神祇道入門」）。これは、土御門家も了解しており、先例もあったという。しかも、この田中兵庫は三年後の文政八（一八二五）年に触頭《ふれがしら》（大坂のグループの頭）となっているのである。後に目代役となる荒木久米之丞が、文政一三（一八三〇）年四月一七日に入門した時の肩書は「大坂北新地曾根崎村阿波屋宗助借屋修験小林院事」とあり、町神職は修験（山伏）とも近似的であった。

安政五（一八五八）年に願人坊主の年寄役岸本坊が組から抜ける一件が起こり、岸本坊の弟子文証が、修験和勝院の弟子となり、天王寺寺町で大聖院と名乗って「修験道日行」に出ていることが問題化してる。願人組頭松之坊は、「修験道」と願人の「僧業」とは似寄りの職業であり、（願人仲間の一員として培った旦那との関係を持っていかれるのは）放置できないとして訴えたのである（勧進の縄張りをめぐる競合）。

また、寛政七（一七九五）年八月に願人坊主と六斎念仏の実態が近似的なことを示す事件が起こっている（『日鑑』大念仏寺蔵）。大坂町奉行所に訴え出た六斎念仏西方寺の住持嶺厳の口上書によれば、一三日の朝に弟子の春丈が木魚を叩きながら、長町辺りを勧進していた時に、願人（組）頭松之坊から咎められ、木魚を取り上げられたという。嶺厳によれば、近年願人頭が奉行所に願い出て、諸入用が懸るので木魚を叩く修行者には一年に銭四〇〇文を取って「勧（進）札」を渡すことを認められたとのことである。しかし、六斎念仏は以前から鉦か木魚を叩きながら「修行」（勧進）に出ており、「法用の具」である木魚を取り上げられては、念仏修行ができなくなる。それは歎かわしいので、春丈の木魚を返し、今後鉦や木魚で念仏修行を行うことを公認してほしいと願っている。この一件は、二四日に松之坊から木魚が返され、内済（調停による解決）となった。

この段階で、西方寺嶺巌は天王寺村の中小路町の金屋庄兵衛借屋が住所となっており、寺という名目だが実際には借屋住人であった。一方の願人頭松之坊は、春丈の木魚を取り上げた現場付近である長町六丁目の亀屋孫兵衛の借屋の住人であった。ここからは、願人坊主と六斎念仏が近似的な存在であることがうかがえよう。

また、注意しておきたいのは、彼らの居所が道頓堀から南に延びた長町や天王寺村という大坂南方の周辺域にあったことである。弘化年間には、願人仲間の者たちは西高津新地四・五丁目に集住していたことが確認されている。褒賞を受けた陰陽師の織田孫太夫は西高津新地五丁目の榎並屋源兵衛借屋居住であったことも想起される。これらの勧進宗教者は大坂の周縁部に展開していたことが想定されるのである。

これらを通観すると、願人坊主、山伏、陰陽師、町神職などは異なる組織を形成していたが、相互に流動的で近似的だったことがわかる。大坂市中には、組織化を遂げていない道心者（狭義）が存在していたが、彼らも実態としては組織化を遂げた勧進宗教者と共通する部分が見られ、両者をあわせて広義の道心者ということができる。

大坂の都市法においては、一向宗を除く寺院と僧侶は市中居住を禁じられていたが（浄土真宗の寺は市中に散在）、勧進宗教者は、町内の裏店居住を許容されていたのである。これを規定した寛文六（一六六六）年の町触の中では、道心者を定義して、市中居住の者が生活できずに物乞いをする（「渡世成り難く、鉢を開く」）場合と、身内の不幸などで哀傷のあまり剃髪した場合をあげている。ここには宗教的形態をとろうとも、鉢を開く（勧進する）のは、生活のためであり、貧人（＝非人）と共通する生業としての勧進の性格が見てとれる。

これらの道心者たちは、都市下層民衆の一部だったことを確認しておきたい。さらに想起したいのは、孝子の条件に死んだ父母などの葬礼・年忌などの際に道心者を頼むことが見られたことである。こうした時に、都市下層民衆の一部に含まれていた広義の道心者が依頼されたのである。

†盲人と当道座

次に、盲人と関わる職種について考えておきたい。近世の男性の盲人は、公家の久我家を本所として検校《けんぎょう》をトップとする当道座と呼ばれる組織を形成していた。これは、中世の盲人の琵琶法師の組織に起源を持っていたが、近世では広い職種の盲人を配下に組み込んでいた。しかし、近世大坂の当道の組織について具体的なことは不明である。以下、加藤康昭氏の盲人社会史研究を参考に、当道座と盲人をめぐる全体的な動向を念頭において、孝子褒賞の事例を検討しよう（加藤一九七四）。

近世中期に至り、当道座の統制外の盲人が増加した状況に対して、当道座から幕府に当道座の盲人支配を確認する触を出すことを出願し、安永五（一七七六）年に全国触が出された。それが、一一月一四日に大坂市中にも触れられた。

さらに、安永八（一七七九）年三月二三日には、おおよそ次のような町触が出されている。

> 「盲人」は検校の支配を受けるべき旨、以前から触れ出しているが、心得え違いの者がいる。「音曲《おんぎょく》」を行わず、「医業」だけを稼業としていても、「他所をも稼ぎ候盲人」は、検校の支配を受けるべきである。
>
> なお、大坂三郷や町続き在方に居住する盲人で、稼業を行っている者は「住所名前」を記して、「当表支配の検校方」へ届け出ること。

この町触の背景には、朝廷の役職に就いている者（史料には「禁裏典薬寮幷に鍼博士・鍼師など」とある）から医業を学んだ者が当道座の支配を拒否する動向があったようであるが、ここでは触れない。さて、「音曲」「医業」などで「他所をも稼ぎ候盲人」とは、自宅を出て外で「音曲」「医業」の生業に従事する盲人ということであるが、この者たちは（当道座の）検校の支配を受けるようにとある。逆に言うと、それは、他所の稼ぎをしない者は支配外ということを意味する。具体的には、安永五年の全国令（『徳川禁令考』二七六二）に百姓町人の倅で、盲人であっても、「琴三味線等・針治導引を以て渡世致さず」、親の元にいるだけの者、また武家に抱えられ、主人の屋敷内に居住する者は、「制外たるべき事」（検校支配の外）とあるのが、その意味である。この内容の町触は、一九世紀にも繰り返し、触れ出されているので、近世を通じて生きていた。

これを踏まえれば、家族の中で扶養・看護されている盲人は当道座の支配外である。また、琴三味線などの音曲や針治《しんち》導引《どういん》などの医業が盲人の稼業として広く行われていたのであるが、逆に、それらに携わるのは盲人のみに限定されなかったことにも注意しておきたい。特に、按摩・按腹は習得が容易なため、失明後、手馴れた家業を続けることができなくなり、按摩となるケースが増えていくという（加藤一九七四）なお、そこに、大坂の孝子褒賞事例も引かれている）。

孝子・忠勤褒賞の理由書に眼病・盲目が多数見られたことを先に紹介した。しかし、これらの事例の中で、当道座に属していることが明記されている事例は一つもない。家族の中で扶養・看護され、盲人自身が稼業に従事していない場合には、当道座の支配外なので言及されないのは当然であろう。盲人自身が働いている場合が問題となる。その職種として目に付くのが、按摩・按腹渡世と音曲袖乞《そでごい》である。

†按摩・按腹渡世の事例

そこでまず、按摩・按腹渡世について検討してみよう。褒賞を受けた者、もしくはその関係者が按摩・按腹渡世に従事しているケースとして、次の一一例が見られた。そのうち、眼病・盲目の者が関わっている事例には、⦿を付けている。

○文化六（一八〇九）年一一月一三日（表4-1⑭）
西高津新地九丁目小町屋卯兵衛借屋　樋口屋勇蔵（一七歳）
「（養祖母）きよ儀按腹渡世いたし、娘やそ・新三郎（後の勇蔵）とも三人相暮し候……四五年以来は家業の按腹も出来難く」なった。

勇蔵の養祖母きよ（七一歳）が按腹渡世で生活を維持していたが、四〜五年前から高齢でそれが無理となる（養母やそは四年前に病死）。そのため、幼少の勇蔵がしへ箒作りや町内小使いにも出精し、生活を支えている（前掲）。ここでは、按腹が女性の家業として行われている。

◉文化一〇（一八一三）年一一月八日
内両替町田原屋伝兵衛支配借屋　万屋庄吉同家母ため
「ため夫喜太郎義、盲目にて按摩渡世いたし候処、四年以前より腰痛にて職業相成り難く候に付き、ため義幼少の子供を抱え、右職幷に賃仕事等いたし、難苦を厭わず、出商にも罷り出で相育み」
喜太郎は盲目で按摩渡世をしていたとあるが、彼は当道座に関わっていないのだろうか。しかし、ため自身は盲目ではなく、女性であり、当道座には関わらない存在である。なお、夫喜太郎が盲目であり、按摩渡世をしていたことが、妻ためが「右職」（按摩渡世）に携わることにつながった点に注意したい。
◉天保一一（一八四〇）年八月一五日
長堀心斎町伊勢屋文助借屋　神崎屋伝兵衛女房とく
「夫伝兵衛兼て病身にて……、此の者按腹療治仕《し》覚《おぼ》え、夫を育み居り候内、伝兵衛眼病相煩い……終に盲目に相成り」
夫伝兵衛は盲目となるが、とくの按腹療治はそれ以前からのことであった。
〇天保一一（一八四〇）年一一月二二日
九之助町一丁目河内屋利助支配借屋　大坂屋要助

「要助義……成長に随ひ、(祖父)龍助の業体の按腹療治仕覚え、龍助の手助け致し居り」

祖父龍助も、本人要助も盲人ではない。

○天保一二(一八四一)年六月二四日

天満摂津国町井筒屋彦三郎借屋亀屋伊兵衛同居　医師小泉元南後家ゆふ(ゆう)

「兼て仕覚え候按腹療治に日々罷り越し、万端相賄い、相替らず姑へ孝養を竭し」

ゆふの場合、夫の小泉元南が医師であったことが、按腹療治を渡世にすることと関わっているかもしれない。

⦿嘉永五(一八五二)年四月三〇日

安堂寺町五丁目河内屋利兵衛支配借屋　中屋文右衛門倅千之助

「父文右衛門は簾細工職渡世罷り在り候処、……拾ヶ年已前より眼病相煩い、職業相成り難く、拠無く按摩仕覚え、渡世罷り在り……、追々眼病全快に及ぶに付きては、按摩渡世相止め」

眼病を患い、それまでの職業が継続できない場合、按摩を習い、渡世とするが、治れば元の職業に戻っている点に注意したい。

○嘉永五(一八五二)年五月二九日

天満八丁目針屋忠右衛門借屋　堺屋貞助女房とめ

「夫貞助は豆腐屋渡世にて、……（とめ）女の義且は夫病中物入多く、追々困窮差迫り候に付き、渡世の透には按腹療治相稼ぎ」

とめは、豆腐屋渡世の合間に按腹渡世に従事しているとある点が注目される。

○嘉永五（一八五二）年一〇月二七日

岩田町綿屋三郎兵衛借屋　岡屋佐兵衛下人又兵衛

「按腹療治に罷り越し、又は日雇等致し、夜分は町内夜番に雇われ、昼夜の厭い無く出精致し」

前章の夜番の節で紹介したが、按腹療治がさまざまな生業の一つとして位置づいている。

⦿安政元（一八五四）年九月二九日

御池通五丁目河内屋重右衛門支配借屋　阿波屋菊松

「右菊松義、……幼年の砌《みぎり》より袋物仕立職仕覚え、……五ヶ年已前戌年より菊松眼病相煩い、職業等出来兼ね……、按腹導引習い覚え、右を稼ニいたし……、終ニ盲目（に）相成り」

菊松は、眼病で按腹導引を行うことになったが、その後、盲目になってしまう。

⦿安政六（一八五九）年二月一八日

西高津新地九丁目加村屋弁次郎借屋　美濃屋福蔵同居妹うた

「右うた義、幼年の砌、父喜助病死致し……、母うの義は眼病相煩ひ、終に盲目に相成り、難渋に相暮し候に付きては、同人（うの）義三味線弾袖乞又は按腹療治に出《で》歩行《あるき》候節、此の者（うた）義幼年の頃より手引に付き添い廻り」

ここでは、母のうのが盲目となり、按腹療治・三味線袖乞に出ている。女性なので、当道座には属さない。

◉万延元（一八六〇）年四月二九日

天満樋之上町三田屋甚兵衛借屋　天王寺屋佐助女房ちか（四三歳）

「同人（佐助）義、七ヶ年以前嘉永七寅年三月頃より眼病相煩い候に付き……終に盲目に相成り……、（ちか）按摩療治習い覚え相稼ぎ……、此の者（ちか）療治罷り出で」

ここで盲目となったのは佐助であるが、按摩療治に従事したのは女房ちかである。

†按摩・按腹渡世と当道座

以上の一一件の按摩・按腹渡世の事例のうち六件が、眼病・盲目と関わっている。このうち、男性は喜太郎・文右衛門・菊松の三人、女性はため・とく・うの・ちかの四人が按摩・按腹療治に従っている。また、ため・とく・ちかの場合は、自分が盲目となったわけではなく、盲目となった夫の妻という立場である。これらから、眼病・盲目となった者が自ら生業を行う場合、按摩・按腹がまずは手近なものであり、それが社会的にも認知されていたと言えるのではなかろうか。それは、盲目となった本人のみならず、その近親者にもまずは従事する職業として認知されていたと言えるであろう。一方で、按摩・按腹療治は盲目・盲人だけでなく、多様な人が複合的な稼ぎの一つに選択していたことがうかがえる。

こうした状況を見ていると、按摩・按腹療治はそれほど技術と熟練を要しないように感じられる。そして盲人以外の者の稼業として選択されていたことも、当道座＝検校の支配下に置くことを困難にしていたのかもしれない。文化一〇（一八一三）年三月二七日にも「他所を稼ぐ」盲人は検校支配との町触が再触されているが、喜太郎の事例はその直後であるにもかかわらず、褒賞の理由書には、まったく触れられていないのである。

次に、盲人と関わる音曲袖乞が二例見られるので紹介しておきたい。一つは、先に安政六（一八五九）年のうのが、按腹療治と並んで三味線袖乞に出ているとあった事例である。もう一つは、天保六（一八三五）年五月一六日に褒賞された幸町四丁目能登屋礒右衛門倅の忠蔵（一三歳）であり、「忠蔵儀盲目にて、習い覚えの手業音曲等を袖乞同様ニいたし、父を養ひ」と言われている。この二例とも、盲目であることと不可分であろう。特に男子である忠蔵が当道座と関わらないか疑問となるが、ここでもまったく触れられていない。

　ここで見られた事例は、眼病・盲目と按摩・按腹渡世や音曲袖乞が密接な関係にあることを示している。一方で、特に按摩・按腹渡世は都市民衆の複合的な職業構造の一環に位置づいていた。しかし、これまで見てきた事例では、いずれも当道座との関わりはうかがえなかった。これらは、たまたま当道座と関わらない位相のものだったのかもしれない。そうだとすると、都市社会の中で当道座とその構成員が占める位置が問われる必要があり、また、これらの職業がいかなる関係の中で存立しうるのかが問われる必要が出てくるであろう。

第九章 遊女・茶立女と歌舞伎役者

第七章で職業について触れたところで、女の領域の特殊な存在として遊女や茶立女が見られ、男の領域に属すものとして歌舞伎役者があることを指摘した。本章では、この両者を順に見ていくことにしよう。

†遊廓と茶屋

遊女奉公や茶立奉公をしている者、あるいはそれを経験した者が褒賞された事例は七件見いだすことができる（表9－1参照）。これらの事例から、遊女奉公や茶立奉公の実態や、それに従事せざるを得ない都市下層民衆の生活状況を探っていくことにしたい。

大坂において遊女商売が公認されていたのは、西横堀の西側の立売堀と長堀の間の一画に位置する新町遊廓だけであった。しかし、元禄七（一六九四）年に茶屋に茶立女二人を置くことが認められ、髪洗女二人を置くことを認められていた風呂屋と並んで、事実上の遊女商売が黙認されることとなった（塚田一九九六）。

表9－1　遊女・茶立奉公に関わる孝子褒賞

年月日	孝子	奉公先	奉公時期	褒賞銭額
天保11(1840)年5月8日	菊屋町播磨屋利兵衛支配借屋米岡屋平蔵同家しやう娘　きく		過去のこと	銭5貫文
嘉永3(1850)年5月28日	道仁町大和屋弥兵衛借屋備中屋藤七姉きぬ事　食焼女　ゆう	当時九郎右衛門町難波屋治助支配借屋井筒屋平吉代判定七抱	奉公中	銭5貫文
安政3(1856)年11月27日	南塗師屋町橋本屋常右衛門同居利八悴死亡利兵衛後家食焼女さく事敷嶋	当時本京橋町塗師屋治助抱	奉公中	銭7貫文
安政5(1858)年12月25日	山本町若松屋治兵衛養娘ひさ事　傾城　初花	当時傾城町の内瓢箪町倉橋屋万次良代判吉左衛門抱	奉公中	銭10貫文
万延元(1860)年6月29日	道頓堀宗右衛門町歌舞妓役者藤川八蔵事　亀屋八蔵同居姉　ひろ　右　八蔵　同人弟　八太郎	元伏見坂町伏見屋善蔵方	過去のこと	銭5貫文
文久2(1862)年7月28日	西高津町淡路屋弥兵衛支配借屋播磨屋利助同居　しけ	備中笠岡	過去のこと	銭7貫文
文久3(1863)年5月29日	御池通三丁目薩摩屋栄助支配借屋平野屋弥助姉とみ事茶立女丸吉(52歳)	当時同町茶屋渡世炭屋与吉代判甚兵衛抱	奉公中	銭5貫文

これらの茶屋の営業のためには茶屋株（古株）を持つことが必要であったが、三郷のどこでも茶屋の営業を認められていたわけではなく、道頓堀周辺の町や日本橋から南に延びる長町一帯の町に限られていた。その後、堂島新地、堀江新地、曾根崎新地、西高津新地、難波新地などの新地の開発にあたって、新たに茶屋株（新株）が大量に赦免され、茶屋営業の赦免地は広がっていく。また、替地とされた町、たとえば元伏見坂町なども茶屋営業赦免を願い、認められることもあった。

水野忠邦が主導した天保改革の風俗統制によって、江戸においては岡場所（非公認の遊所）の売女屋は新吉原に引き移るか、転業するかを迫られた。大坂においても、天保一三（一八四二）年八月一五日に一旦は同様の措置が触れられたが、一一日後に、道頓堀・新堀・曾根崎新地の三ヶ所に「飯盛女付旅籠屋」を認めるように修正された（吉元二〇一四）。大坂町奉行所は新地開発に伴う「所賑い」の必要から認められたということを背景に、大坂は商旅の者が多いという理屈を創出して、江戸の幕閣と交渉のうえで大坂独自の措置が取られることになったのである。翌年一〇月四日には、飯盛女付旅籠屋は泊茶屋と改称され、抱え女も食焼女と称するように命じられた。これらによって営業赦免地域が変化したが、それ以前の茶屋営業と実質的に同様の遊女商売が黙認されることは変わらなかった。したがって、時期によって、茶立女、飯盛女あるいは食焼女と呼び方が違っても、実質的に同じものと考えてよい（なお、安政四〔一八五七〕年一二月には茶屋営業の赦免地が拡大する）。

表9－1に拾った七件のうち、一件だけが新町での遊女奉公であり、残る六件が茶立奉公（食焼奉公）である。茶立奉公六件のうち、当時奉公中の者が三件、奉公経験者が三件である。厳密に言えば、公認の遊女と黙認の茶立女は区別する必要があるが、事例が少ないこともあり、ここでは両者の差異を意識しつつ、あわせて検討する（塚田二〇一三）。

一八世紀末から孝子褒賞が始まるが、最初の遊女奉公に関わる「孝子」褒賞は天保一一（一八四〇）年であり、第二例は一〇年後の嘉永三（一八五〇）年であり、その後安政三（一八五六）年から文久三（一八六三）年までの七年間に五件が集中している。時期的な変化の意味は、各事例の内容を検討したうえで最後に考えることにしよう。なお、遊女奉公・茶立奉公の場合、忠勤褒賞の事例は見られないことにも注意しておきたい。

†傾城初花

最初に明白な遊女奉公の事例として、安政五（一八五八）年一二月二五日に通達された初花のケースを検討しよう。

この事例は、新町遊廓（傾城町）のなかに含まれる瓢箪町の倉橋屋抱えの傾城《けいせい》（＝遊女）初花《はつはな》が、養父治兵衛に孝行であるとして、褒賞されるとともに銭一〇貫文を与えられたものである。まずは、現在、奉公中の遊女が褒賞されていること、その賞金が七例の中で最も多額であることが注目される。

初花は、幼名をひさと言い、堺戎嶋万屋町《さかいえびすじまよろずや》の池田屋新兵衛の娘だったが、生まれて間もなく若松屋治兵衛の養女となった。当初、治兵衛と女房やすとひさの三人暮らしだったが、養父母に実娘二人が生まれ、一家五人となる。この間、徐々に困窮に陥り、ひさが一三歳の時に「傾城奉公」に出て、家計を助けることになったという。先に見たように幼少の段階で過酷な境遇に陥る場合、親の病気や死亡が契機となることが多かったが、このケースではそうした契機を欠きながら「追々困窮におよぶ」とだけあり、生まれてすぐ養女となったのは、あるいは初めから遊女予備軍としての養女だったのかもしれない。

さらに、最初の「傾城奉公」先から現在の倉橋屋に「奉公住替《すみかえ》」（いわゆる鞍替え）となるが、その理由について、養母やすが離縁となり、養父治兵衛と娘二人が残ったが、治兵衛は病気と老年できつい仕事ができないためと説明されている。ここからも養父治兵衛の生計のための住替えだということが確認される。しかし、先の抱主への前借給金を返済し、その他の入用に充当すると、治兵衛の賄料となるほどの額は残らなかったという。一方で、この住替えによって初花の前借銀が膨らんだことも推定される。

ひさは一三歳で遊女奉公に出て、その後住替えを経て、養父治兵衛が「老衰」と表現されるような年齢に達していることを考え合わせれば、十数年以上の年月が経っていると考えられる。かなり長期にわたる遊女奉公であったことがうかがえる。

なお、治兵衛の実娘二人のうち一人は病死し、一人は食焼奉公に出ているが、家計補助どころか、かえってひさ（初花）が小遣い銭を援助しているとある。これもひさ（初花）の健気さを強調する意味を持っていよう。なお、食焼女は、先に触れたように実質的に茶立女と変わらない。

現在の初花の養父治兵衛への孝行を示す行状として、治兵衛の家賃や衣類など生活に不自由ないように取計い、毎月小遣いを与えるとともに、奉公の手透きの時には主人の許可を得て「内々」に治兵衛を見舞いに帰り、その時には客からの貰い物も同人に渡しているとある。江戸の新吉原遊廓では、遊女は原則として大門外に出ることはできなかったので、奉公中の遊女が実家に足を運ぶことが見られたことは注目されよう。また奉公先でも主人の意に背かず、傍輩の遊女たちとも仲良くしているとも付け加えられている。なお、養父若松屋治兵衛の住んでいる山本町は新町遊廓のすぐ西に位置している。

こうした老病身の親に対する生活援助や奉公先から世話・看病に帰り、貰い物なども親に渡すというのは、他の事例でも広く見られるものである。その意味では、一見すれば孝子褒賞の基準に沿ったようにも見える。しかし、この場合、治兵衛一家が困難な境遇に陥る契機を欠き、孝子褒賞パターンⅠの典型としてあげたゆきの場合のように親の側にこまでの孝心に相応しい余儀ない状況が窺われない。この場合の褒賞は、不幸な境遇にあるひさ（初花）に対する同情の所産とも見ることができるのではなかろうか。

†茶立奉公中のゆう・敷嶋・丸吉

褒賞を受けた時点で、茶立（あるいは食焼）奉公中であった事例は三件である。まず嘉永三（一八五〇）年五月二八日に通達された食焼女ゆうの事例を見よう。

備中屋藤七の娘きぬは、幼少の時に父が死亡し、母ぬいと弟の三人が残された。弟が藤七の名を継いだため、人別上は藤七姉と表現されている。父が死亡した段階では、食焼奉公ではないきぬの稼ぎで家計は補助されていたが、弟藤七が眼病で盲目となり働けず、その薬代などが手当てできなくなった段階で、九郎右衛門町の泊茶屋井筒屋平吉抱えのゆうとして食焼奉公をすることとなったのである。これによって一家の生活を支え、手透きの時には実家に帰り、母の世話をするゆうに対して、その孝心が奇特であるとして、銭五貫文が与えられ、褒賞された。

ゆうの場合、幼少時に父が死亡し、一家を支えるべき相続人藤七が眼病という不幸に襲われた。こうした事情は他の孝子褒賞の事例と共通する。しかし、食焼奉公に出る段階で「母弟等相談の上」とあるのが注目される。一般的な奉公と異なる食焼奉公において、本人の同意の上であることを示唆することが重要と思われたのであろう。奉公の手透きの際には実家に帰り、母と弟の世話をしたという点にも注意しておきたい。

ゆうが父を亡くした後、食焼奉公に出るまでどれほどの時間が経過したか不明だが、姉弟とも未婚の状態で眼病・食焼奉公という事態に立ち至ったと思われ、まだ十代半ばと想定されるのではないか。食焼奉公に出てからの年月も不明であるが、ゆうの年齢はまだ若いものと思われ、幼少期に過酷な状況に陥ったパターンⅠの一例とも見ることができる。

本京橋町の塗師屋治助に抱えられた敷嶋の褒賞は、安政三（一八五六）年一一月二七日に通達された。この事例は、死亡した夫の老父母に孝心を尽くしたという、孝子褒賞のもう一つのパターンⅡである。

さくは、利兵衛と結婚し、その両親とともに睦まじく暮らしていたが、一家の中心たるべき利兵衛が病気となり、舅《しゅうと》利八も高齢となり、身上が不如意となってしまった。その段階で、さくは薬代や生計のため自ら「相談得心の上」、塗師屋抱えの食焼女敷嶋として奉公することになったのである。この場合も、強制されたものではなく、さく自身が思い立ち納得の上で奉公に出たことが文面上も表現されている点には、実質的な遊女奉公であることの特殊性が示唆されている。

敷嶋となって以後も、しばしば主人の許可を得て、病気の夫の介抱に尽くすとともに、その死亡に際しては借金までして葬式を営み、また夫の死後にも高齢の舅姑の手厚い世話をしていることに対して、銭七貫文を与えられ、褒賞されたのである。

さく（敷嶋）の場合、夫利兵衛の病気・死亡のため、老齢の舅姑《きゅうこ》を抱えて困窮に陥り、食焼奉公で生活を支えることになったが、生きている間は看病・世話に努め、死んでは丁重に弔うという点では、他の孝子褒賞と共通である。敷嶋として泊茶屋で奉公しているが、しばしば家族のもとに帰り、特に利兵衛の重篤の時には毎夜帰ったとある。食焼奉公中の者が実家に帰ることが、ここでも見られたのである。敷嶋の場合、結婚後、一定の時間の経過後の食焼奉公と見られ、ゆうの場合よりかなり年齢は上と思われるが、褒賞を受けた時点でも奉公を続けているのである。

なお、舅利八一家は借屋ではなく、南塗師町の橋本屋常右衛門の同家となっているが、橋本屋との関係は何の言及もなく不明である。

文久三（一八六三）年五月二九日に褒賞を通達された丸吉の場合は、御池通三丁目の薩摩屋栄助支配借屋に住む平野屋弥助の姉「とみ」であり、現在、御池通三丁目の茶屋渡世炭屋与吉（代判甚兵衛）抱えの茶立女とあった。丸吉は、褒賞時に五二歳で、一六歳（文政一〇〔一八二七〕年に相当）から茶立女として働き、何度か奉公先を変えている。年季など存在しないかのような長期の奉公はかなり特殊なケースかと思われる。ここでは詳細は省略するが、母、二人の姉とその子どもの面倒も看ており、一家の中で丸吉にだけしわ寄せがいっている。丸吉の褒賞は、こうした立場がむしろ同情に値するものであったためかもしれない。なお、茶立奉公中の丸吉が主人の許可を得て実家に帰っているのは、前の二例と同じである。

ここまで茶立奉公中の者が褒賞を受けた三例を見てきたが、幼少時に親の病気や死亡による過酷な境遇を経験するか、高齢の親を抱えて困窮しているという孝子褒賞に見られる二つのパターンと共通することが見て取れた。また、三例とも実家は借屋人（同家を含む）であり、しばしば借屋を転宅し、不安定な状況にあることも共通していた。しかし、他の孝子褒賞の事例とは異なり、あえて本人の納得の上だと言われているところには、その奉公が強制されたものではなく、自らが選択したものという形をあえて強調している点が見てとれ、注目される。そこには、茶立奉公が実質的な遊女奉公であることを前提として、いわば自己犠牲的な身売り奉公としての性格を持つことが示されている。それは、傾城（＝遊女）初花と同様に、人別上の名前とは異なるゆう・敷嶋・丸吉という名前で呼ばれていることにもうかがえよう。

†茶立奉公を経験したきく・ひろ・しげ

茶立奉公を経験した女性が褒賞された事例も三例あった。この記録から、茶立奉公がその後の人生においてどのような影響を持つかを読みとることができる。

茶立奉公に関わった者で最初に褒賞されたのが、天保一一（一八四〇）年五月八日に通達されたきくである。この事例は、第六章で借屋を転宅する様子を見るため、言及したものであるが、もう一度見てみよう。

菊屋町播磨屋利兵衛支配借屋
米岡屋平蔵同家しやう娘　きく

其の方儀、若年の砌、父平蔵病死致し、跡借財多きにて家名取り続き難き由に付き、此のもの外方え年季極めを以て、茶立奉公いたし、右給銀を以て家名取り続かせ候処、母しやうを育むべき、此の者兄両人共病死致し、右増給銀借り受け、しやうへ相貢ぎ、右年季中滞り無く相勤め、暇を受け候後、母へ大切に相仕え居り候内、しやう四肢叶わず候上、癇症相煩い候に付き、薬用介抱行き届かせ、殊に同人義入湯を好み候砌は、此の者背負い湯屋え連れ行き、入湯致させ、母の意に応じ候様仕向ケ候次第等、女の

身分には健気の仕方、孝心の段、奇特に付き誉め置き、鳥目五貫文取せ遣し候、

きくは、菊屋町の借屋に住む米岡屋平蔵同家のしやう（しょう）の娘である。後述するように、きくは名前人米岡屋平蔵の姉であるが、ここでは孝心を尽くした対象である母しやうの娘と表現されているのであろう。

きくは、若年の時、父が病死し、借財も多かったため、家の継続のため、年季を決めて茶立奉公に出た。また母しやうを支えるべき兄二人がいたが、二人とも病死したので、母しやうの生活のため増給銀を借り受けたとある。つまり、きくの茶立奉公は借財を返済して、男兄弟の誰かが家名を相続するためであったが、母しやうの生活を支えるべき兄（家名相続人か）が死亡したため、生活費確保のため新たな借銀をしなければならなかったのである。それでも無事に年季明けをむかえ、母しやうの面倒を見ていたが、母は体が不自由になり、癇症も併発した。その薬用はもちろん、しやうの好きな湯屋には背負って行くなど、すべてにわたって母しやうの意に沿うようにしている。こうしたきくの孝心を褒賞し、銭五貫文を与えると言われているのである。

天保一一年のきくの褒賞は、茶立奉公に関わった女性が褒賞された最初の事例である。一八世紀末に組織的な「孝子」褒賞が始まって以来、半世紀近く経ってから、初めての出

来事であった。さらに、この後一〇年近く経って、先に見たゆうの褒賞があった。まだ、茶立奉公を「孝子」とすることがためらわれたのであろう。それは、自己犠牲を「孝心」とする認識が芽生えつつあった段階と言えるのではなかろうか。

きくの場合、年季を決めて茶立奉公に出たが、増給銀を借り受けたものの、無事年季を勤め上げている。兄弟もありながら、家名相続のため茶立奉公に出ることには母への孝行という半面とともに、家の犠牲になるという半面があったのではなかろうか。

第六章で見たように、きくの一家は天保九年六月に本相生町から引っ越してきて、同一一年九月に難波新地二丁目に引っ越していった。菊屋町に住んでいたのは二年足らずであり、流動的な借屋層であったことを確認しておきたい。それも茶屋赦免の町である本相生町や難波新地二丁目という範囲で転宅していることが注目されるのである。

この他、茶立奉公を経験した者の褒賞として、万延元（一八六〇）年六月二九日に褒賞されたひろの事例と文久二（一八六二）年七月二八日褒賞を通達された播磨屋利助の同居しけ（しげ）の事例がある。ひろは年季明け後、歌舞伎役者の兄弟とともに母に孝行したのであるが、これについては後で見ることにしたい。しげは、父が病気となり、「両親相談の上」備中笠岡に年季を決めて茶立奉公に出た。彼女は年季明け後三度の結婚をするが、離縁・死別などを経験する。その間、三味線指南で生活を支え、病気の母の看病に努めた。

以上、茶立奉公を経験した者が孝子として褒賞された三例を検討してきたが、その奉公は家族の犠牲という側面を持たざるを得なかった。しかし、何れも年季を勤め上げ、実家に帰り、また結婚するなどして、新たな生活を始めることができた。茶立奉公それ自体がその後の生活の障害となることはなかったと言えよう。さらに、茶立奉公のなかで身につけた三味線が生活の糧を得る手段となったしげの事例にうかがえるように、茶立奉公も芸能的要素を持っており、そこで身につけた技能が生活を支えることもあったのである。

ただし、以上のことは孝子褒賞関係の史料によって見えた局面であるという限界を認識しておく必要があろう。困難のなかにあったとはいえ、褒賞された者たちは、茶立奉公中、あるいは無事年季明けをむかえて、何とか前向きに生活を維持しているのであって、客とのトラブル（死傷事件）や親元への逃げ帰りといった問題の発生はここには登場していない。しかし、御池通五丁目・同六丁目の茶立奉公人について、そうした事例が具体的に明らかにされており（吉元二〇一五）、本章で見た事例よりはるかに悲惨な遊女奉公・茶立奉公の現実に直面していた者が多数いたはずだということである。もちろん、傾城初花の事例のように、「孝子」としての様子を伝えようとする文言の中にも、犠牲と吸着の一端を読み取れるが……。

なお、最初に触れた褒賞時期の偏りについてであるが、遊女奉公・茶立奉公に関わる者が初めて孝子として褒賞されたのは天保一一（一八四〇）年であり、その次の事例も一〇年後の嘉永三年であった。しかし、安政三（一八五六）年から文久三（一八六三）年までの七年間に五件が集中しているのである。遊女奉公が我が身を犠牲にするものであったことを考えると、次のように言えるのではなかろうか。すなわち、孝子褒賞が開始されて数十年間は、遊女奉公に出した親と娘の関係を孝行として褒賞することはためらわれたのではないか。ところが、一方で遊廓以外での遊女商売を統制しようとする方向が強まる天保改革以降、我が身を犠牲にする遊女奉公までを、いやむしろ犠牲をも厭わない点をより積極的に孝心を表す行為として評価する方向に徐々に転換した。すなわち、推奨される孝行の範囲に含まれたのではないか。

✝歌舞伎役者の孝子

歌舞伎役者が孝子として褒賞されている事例もいくつか見られる。それを拾ってみよう。

①文政二（一八一九）年六月一日
西高津新地九丁目大野屋善右衛門借屋　高津屋太七同居　歌舞伎役者百村紋九郎（三六歳）

「祖母え孝心を竭し」鳥目五貫文

②文政三（一八二〇）年三月一一日

西高津新地三丁目小嶋屋専介かしや　堺屋力松同家　歌舞伎役者　片岡松江

「母へ孝心を竭し、職業出情」鳥目三貫文

③万延元（一八六〇）年六月二九日

道頓堀宗右衛門町　歌舞伎役者藤川八蔵事　亀屋八蔵同居姉ひろ／八蔵／弟八太郎

「三人共身分慎み、睦まじく相暮し、（母へ）孝養を竭し」一同誉め置き、ひろへ鳥目五貫文

この三例であるが、いずれも歌舞伎役者と肩書きされている。また、一件目と二件目は借屋人の同家とされている点も注目される。一件目の百村紋九郎は、祖母への孝心とあるだけで詳細は不明だが、同日に祖母妙清が一〇二歳で手当米をもらっていることは前に紹介した（第六章）。二件目の片岡松江の場合、「母へ孝心」とともに役者として頑張っていることも言及されているが、これも褒賞理由が簡単で詳細はわからない。これに対して、三件目のひろと藤川八蔵・八太郎の場合は、褒賞理由が具体的に書かれており、事情が判明する。その経緯を見てみよう。

以前に道頓堀立慶町の伊丹屋勝蔵借屋亀屋太三郎方の同居であった吉右衛門の娘ひろと倅八蔵・八太郎の兄弟は、幼少時に父吉右衛門*が死亡し、母とみに養育された。しかし困窮のため、ひろが一四歳の時から元伏見坂町伏見屋善蔵方で食焼奉公して、その給金で母弟の生活を支えたという。八蔵・八太郎は歌舞伎役者になるが、その稼ぎでは暮らしていけないため、ひろの稼ぎで生活を維持していた。その後、二人は徐々に成功をおさめ、ひろも年増になったので、食焼奉公をやめ、八蔵方に同居することになる。ひろは家事万端を引き受けていたが、母とみが老齢となり、五年前から発病して寝起きも不自由になってしまった。ひろは、「昼夜傍に付添い、薬用介抱手厚く行き届かせ、両便の世話穢物洗濯等に至る迄誠実に取扱」うとともに、八蔵・八太郎も芝居稼ぎの合間に母とみのもとに行き、看病に尽くした。これにより、三人を褒賞し、ひろには銭五貫文を与えるとある。

*父吉右衛門は亀屋太三郎の同居とされていたが、その居所が芝居地の立慶町であることや倅二人が歌舞伎役者となっていることを考えると、彼も歌舞伎役者だったのではないかと思われる。

褒賞の当時、藤川八蔵は道頓堀宗右衛門町の家持で人別上は亀屋八蔵であり、ひろは同居の姉とある。しかし、この三兄弟は幼少時に父吉右衛門を亡くし、残された母とともに困窮に陥った。ひろの「食焼奉公」はいつ頃のことと考えられるだろうか。ここに見える藤川八蔵は、四代目であり、はじめ三代藤川八太郎と名のり、天保一〇（一八三九）年に藤川八甫と改名し、同一三年に四代目藤川八蔵を襲名した人物で、藤川八太郎は弟が名乗ることとなった。それ故、八蔵・八太郎兄弟は、天保期には歌舞伎役者の修行を始め、天保一〇年代には、役者としての地位を確立しているのである。こう考えると、ひろの「食焼奉公」は天保一〇年より以前と考えるのが自然であろう。

先述したように、大坂では、天保一三（一八四二）年八月の公認遊廓以外での遊女商売（茶屋・風呂屋）の禁止の際に、道頓堀・曾根崎・新堀の三ヶ所に飯盛女付旅籠屋が茶屋から名目を変えて許可され、翌天保一四年一〇月には泊り茶屋に変更される。この時に泊り茶屋におくことを認められたのが、食焼女であった。ただし、この時は芝居地の近辺だという理由で、立慶町・吉左衛門町・元伏見坂町・難波新地一丁目は、泊り茶屋を認められず、芝居茶屋に転換するよう命じられている（木上二〇一五）。それ故、元伏見坂町の伏見屋善蔵（善兵衛）家は食焼女をおくことを認められていなかった。つまり、ひろの食焼奉公とあるのは、以前の茶立奉公を後の用語法で「食焼奉公」と表現したのではないだろうか。そうすると、ひろは天保年間初めころ一四歳で奉公を始めたとしても、褒賞当時すでに四〇歳をかなり越えた年齢だったと想定されるのである。その方が「年増」となったので奉公をやめたというのとも符合しよう。

ひろが奉公する伏見屋善蔵に関しては、元伏見坂町で茶屋を経営する一方、芝居の銀主

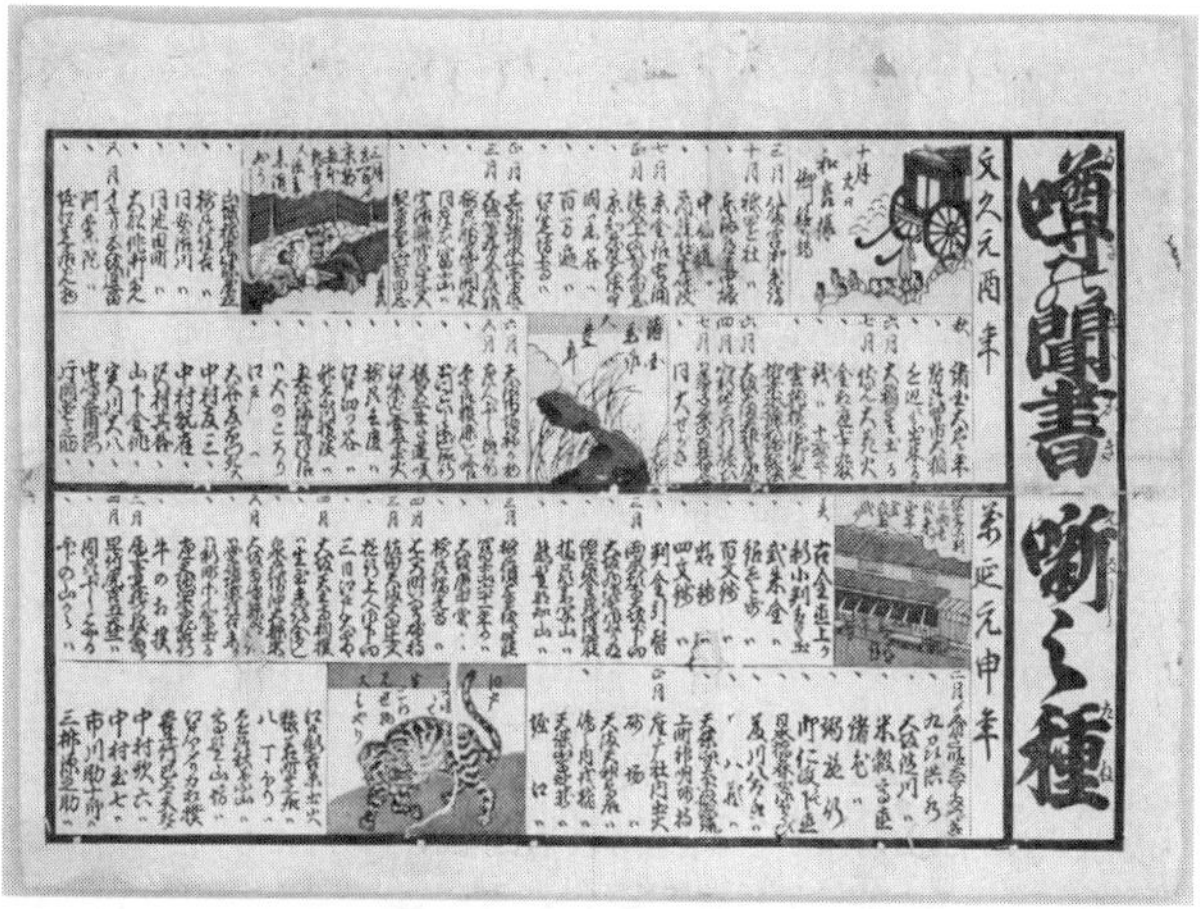

図９－１　噂の聞書噺之種（東京大学大学院情報学環蔵）

（芝居興行へのスポンサー）にもなる家であったことが知られる（牧一九七〇・一九八四／塚田一九九六）。大阪市立大学に所蔵されている「伏見屋善兵衛文書」では、残念ながらひろの奉公の具体的な状況を確認することはできないが、芝居興行にも関わる伏見屋善蔵（善兵衛）家への奉公は、単なる茶立奉公ではなく、伏見屋からの何らかの支援の意味があったかもしれない。

ところで、藤川八蔵・八太郎は天保期末頃には歌舞伎役者として名前を知られるようになり、この段階では一定の地歩を築いていたと思われるが、褒賞の中心はひろであった。しかし、万延元年・文久元年の出来事を記したかわら版「噂の聞書　噺の種」には、藤川八蔵・八太郎へ「御ほうび」とだけ記載されており、ひろへの言及はない（図9－1）。褒賞の中心がひろであったにもかかわらず、かわら版では藤川八蔵・八太郎という歌舞伎役者二人の褒賞だけに関心が向いているのである。

†歌舞伎役者の師弟関係

歌舞伎役者の場合、忠勤褒賞というのは適切ではないが、それに準ずるような師匠を大切にしたということで褒賞された事例がある。弘化元（一八四四）年九月二九日に布袋町塚口屋源三郎借屋の金田屋弥兵衛に同居の歌舞伎役者文五郎が師匠文七に誠実を尽くし、大切にしたことが奇特として、鳥目七貫文を与えられている。文五郎は、若い時に文七の弟子となり、師匠を大切にしてきたが、師匠文七が手元不如意になると、自分の給金の一部を渡し、文七が買掛銀滞りで訴えられかけた際も何度も解決した。特に、自分が芝居に抱えられた際は、師匠文七も一緒に抱えてもらったが、演技中に老体で危うく見えては見物人の評判に関わると心配して、傍で目立たないように介添えしたという。

師匠の文七は、三代中山文七と考えられ、明和元（一七六四）年生まれで、文化元（一八〇四）年に文七を襲名した。文五郎の方は二代中山文五郎と考えられ、生まれた年は不明であるが、三代中山文七の門弟となり、当初中山百蔵を名乗り、文政八（一八二五）年に二代文五郎を襲名した。これを踏まえると、褒賞時点で、文七は八一歳、文五郎は壮年であると考えられる。*舞台上で目立たないようにサポートしたというのも理解できるように思われる。

*中山文七は九年後の嘉永六（一八五三）年に亡くなり、文五郎は文久二（一八六二）年に亡くなった。

この事例は、舞台上の介添えなど、他の忠勤褒賞では類例を見ないものである。ここからは、歌舞伎役者の師匠と門弟の関係の一端がうかがえる。また、この例でも、文七も文五郎も他の人の同家（同居）とされており、これ以外の例を見ても、藤川八蔵・八太郎の場合を除くと、歌舞伎役者はすべて誰かの同家（同居）とされている。歌舞伎役者は名前人になれないという規制が働いているのではないかと思われる。一方で、いずれも歌舞伎役者という肩書きが記されており、居所と屋号・名前で表現される一般的な者たちとは異なり、職分や社会的位置が肩書される点で陰陽師や遊女・茶立女と共通していることが注目される。こうした区別には、経済的な貧富とは別次元で、社会的な賤視が伴っているのであろう。

なお、最幕末の藤川八蔵の場合は、歌舞伎役者としては藤川八蔵であるが、名前人としては亀屋八蔵とされている。歌舞伎役者も名前人となることができるような変化があったのかもしれないが、その場合には屋号・名前で示される必要があったのである。

†道頓堀立慶町での火事と救難褒賞

孝子褒賞・忠勤褒賞とは異なる人命救助に関する褒賞に歌舞伎役者が含まれる事例がある。これも紹介しておこう。

文政一〇（一八二七）年二月五日に、道頓堀立慶町の角芝居楽屋二階から出火し、そこから西南方面が焼ける大火事が起こった（『摂陽奇観』六巻）。この時、吉左衛門町の座元大谷乙蔵芝居（大西芝居）の見物帰りの者たちが、大勢で総崩れになり、道頓堀の浜の岸岐（荷揚げのための階段状の施設）や橋詰に押し重なったり、川中にはまっているのを、船を出して救助した者たちが奇特として褒賞されたのである。この褒賞も市中に通達されている。

宗右衛門町堺屋平蔵借屋に住む紀伊国屋儀兵衛は、同人方に来ていた泉州貝塚南之町木屋源兵衛渡海船の船頭庄七・水主《かこ》（乗組員）弥七・同利兵衛に指示して空船を出させ、救助に当たった。また、布袋町播磨屋市蔵（代判忠兵衛）に同居の歌舞伎役者市川鰕十郎《えびじゅうろう》は、下人の喜助と一緒に付近にあった小船を漕ぎよせて救助した。九郎右衛門町成見屋彦右衛門借屋の小西屋又兵衛は自分の茶船を乗り出し、助け上げたという。以上の七人には鳥目五貫文ずつが下された。鱣谷《うなぎたに》二丁目淡路屋源右衛門借屋の倉橋屋勘助と西高津新地九丁目の備前屋喜三郎借屋の京屋伝次郎に同居の歌舞伎役者藤川友吉の二人は、大道で押し倒されていた女子供を助けたとして、鳥目三貫文ずつが下されている。

一九世紀には人命救助などでの褒賞が多数行われたことは第三章で触れたが、これはその一例である。同じ件での褒賞において、市川鰕十郎と藤川友吉は歌舞伎役者と肩書され、他の人の同居とされていることが注目される。なお、前者は著名な初代市川鰕十郎（安永六〈一七七七〉―文政一〇年七月一六日）であり、倅に文化三（一八〇六）年生まれの市川市蔵（のち二代目鰕十郎）がいる。播磨屋市蔵同居となっているが、それは市川市蔵ではないかと思われる。おそらく市川鰕十郎が実質的な家持であろう。なお、この褒賞の数ヶ月後に市川鰕十郎は亡くなっている。

†歌舞伎役者の取締りと褒賞

歌舞伎を含む芸能興行については、天保改革で厳しい取締りが行われた。この取締りに関わる褒賞がある。弘化四（一八四七）年九月晦日に次のような通達が出された。

道頓堀御前町　かがや玉七代判友七同居

歌舞妓役者　芝翫

其の方義、去ル寅年已来、歌舞妓役者共取締方等の義、追々申渡ス後、専ら質素を守り、衣類等も至て麁服を用ひ、其の余の義も都《すべ》て右に准じ、兼て申渡の廉々堅く相守り、身分相慎み、出情相働き、弟子共示方も行届く趣に相聞え、奇特の義に付き誉め置き、褒美として鳥目五貫文差遣ス、

「去る寅年」は天保一三（一八四二）年に当たる。それ以来歌舞伎役者たちへの取締りが申し渡されたが、それを守って衣類なども質素にし、身を慎み仕事に励むとともに、弟子たちにも示し方がよく、奇特であるとして鳥目五貫文が与えられたのである。ここで褒賞を受けたのは、三代目中村芝翫《しかん》である。彼は、文化七（一八一〇）年に生まれ、三代目中村歌右衛門の門弟から養子となり、三代目芝翫を襲名するが、この年一一月二日に亡くなっているとのことなので、最晩年の褒賞である。加賀屋玉七は、天保八（一八三七）年生まれの一一歳の倅と思われるので、その同居とされているが、実質的な家持は芝翫なのであろう。なお、加賀屋玉七は、父の死後に役者となり、初代中村玉七と名乗る。つまり、この褒賞の段階では歌舞伎役者ではなかった。

天保一三年の芸能興行への取締りについて触れておこう（木上二〇一五）。

大坂の芝居地は道頓堀南岸の吉左衛門町と立慶町であり、一七世紀末には大芝居が八軒あったが、一九世紀には実際に興行していたのは五軒となっていた。さらに堀江新地・曾根崎新地・難波新地の開発に際して、「所賑い」のためとして芝居小屋が赦免される。さらにこれらの芝居小屋の空き櫓を借りて座摩社・稲荷社・御霊社・天満天神社などの寺社境内で芝居興行が行われるようになる。

ところが、天保一三（一八四二）年五月一三日に芝居地や新地芝居における興行実績のない芝居小屋や名代《なだい》（興行権の名義）の整理が行われる。五月二一日には寺社境内での説《せっ》教《きょう》・操《あやつり》・物まねの芝居小屋取払いが命じられる（宮地芝居の禁止）。さらに、翌年三月には、存続が認められていた新地芝居についても取払いが命じられる。こうした制限は安政四（一八五七）年に新地や寺社境内一三ヶ所に新規に芝居小屋が認められるまで継続する。

一方、天保一三年五月一二日に、歌舞伎役者などの華美な風体を戒め、彼らに加え、操り芝居掛りの浄瑠璃語り・三味線弾き（と鳴物《なりもの》渡世）・人形遣いは、市中・在方ともに田畑家屋敷の所持を差し止めることが命じられている。さらに、七月二五日に芸能関係者への詳細な統制の町触が出され、その中で、歌舞伎役者と操り芝居のうち人形遣いについては、住居を道頓堀に限るとされている。このうち歌舞伎役者については、古来より道頓堀に限ってきたものが改めて命じられたのである。操り芝居のうち人形遣いは役者に準じるとして、この時、新たに命じられたのであるが、そこに含まれなかった浄瑠璃語りや三味線弾きは役者や人形遣いとは区別される存在だったことが注目される。ここで、道頓堀とされているのは、芝居町である吉左衛門町・立慶町と九郎右衛門町・宗右衛門町・久左衛門町・御前町・布袋町・湊町の組合八町を含む道頓堀南北岸の町々であろう。

同年八月に、先述したように、遊所統制の一環として、それまでの茶屋が道頓堀・新堀・曾根崎新地の三ヶ所に限って、「飯盛女付旅籠屋」として認められることになったが、翌年一〇月には泊り茶屋と改称された。その際、道頓堀のうち立慶町・吉左衛門町・元伏見坂町・難波新地一丁目は、芝居稼ぎが主の場所だからとして、泊り茶屋は差し止め、芝居茶屋に限定するとされた。この措置は、歌舞伎役者の居住地制限にも関わっていた。同月末に、〝先に道頓堀に歌舞伎役者の居所を限るとしたが、それでは範囲が広すぎる(「場広」)。一方、泊り茶屋を除外された四町のうち、立慶町・吉左衛門町は芝居五ヶ所があるので(賑わうであろうから)良いが、元伏見坂町・難波新地一丁目は(泊り茶屋を禁じられては経済的に)立ちいかないので、代りに歌舞伎役者と人形遣いの居所を両町に限ることとする〟という町触が出された。それによって両町の借屋人を増やせるということであり、家持への助成を意味していよう。

こうした天保改革において取られた芝居や芸能者への統制、とりわけ歌舞伎役者に対する華美な風俗に対する取締りに忠実に従ったとして、三代目中村芝翫は褒賞されたのであった。

歌舞伎役者の居住地制限

天保改革のなかで、歌舞伎役者の居住地は以前の通り道頓堀に限るとされ、さらに元伏見坂町と難波新地一丁目に限定するという制限が加えられた。しかし、この二町に限定するというのはあまりに狭すぎて現実的ではなかったようである。これまでの褒賞事例などから、少し検討してみよう。

ここまでの例の住所・肩書を拾っておこう（各人の居所を示した図9－2参照）。

・文政二（一八一九）年六月一日
①西高津新地九丁目　大野屋善右衛門借屋高津屋太七同居　歌舞伎役者　百村紋九郎
・文政三（一八二〇）年三月一一日
②西高津新地三丁目　小嶋屋専助借屋堺屋力松同家　歌舞伎役者　片岡松江
・文政一〇（一八二七）年二月二七日
③布袋町　播磨屋市蔵代判忠兵衛に同居　歌舞伎役者　市川鰕十郎

④西高津新地九丁目　備前屋喜三郎借屋京屋伝次郎同居　歌舞伎役者　藤川友吉
・弘化元（一八四四）年九月二九日
⑤布袋町　塚口屋源三郎借屋金田屋弥兵衛に同家　歌舞伎役者　文五郎
・弘化四（一八四七）年九月晦日
⑥道頓堀御前町　加賀屋玉七代判友七同居　歌舞伎役者　芝翫
・万延元（一八六二）年六月二九日
⑦道頓堀宗右衛門町　歌舞伎役者藤川八蔵事　亀屋八蔵

歌舞伎役者の居所は、天保改革以前も道頓堀に限られていたとされていたが、文政一〇年までの例で言えば、西高津新地に集中していることがわかる。ただし、市川鰕十郎は布袋町に住んでおり、道頓堀一帯にも住んでいるが、とりわけ道頓堀から東南方面に続く西高津新地に広がっていたことは間違いないだろう。

ところが天保改革後の弘化元年より後の事例では、西高津新地は一件もなく、道頓堀地域に限られている。しかし、天保一四年に命じられた元伏見坂町・難波新地一丁目には、限定されていないことが明らかである。天保改革の規制は、道頓堀地域への集中をもたらしたものと考えられる。

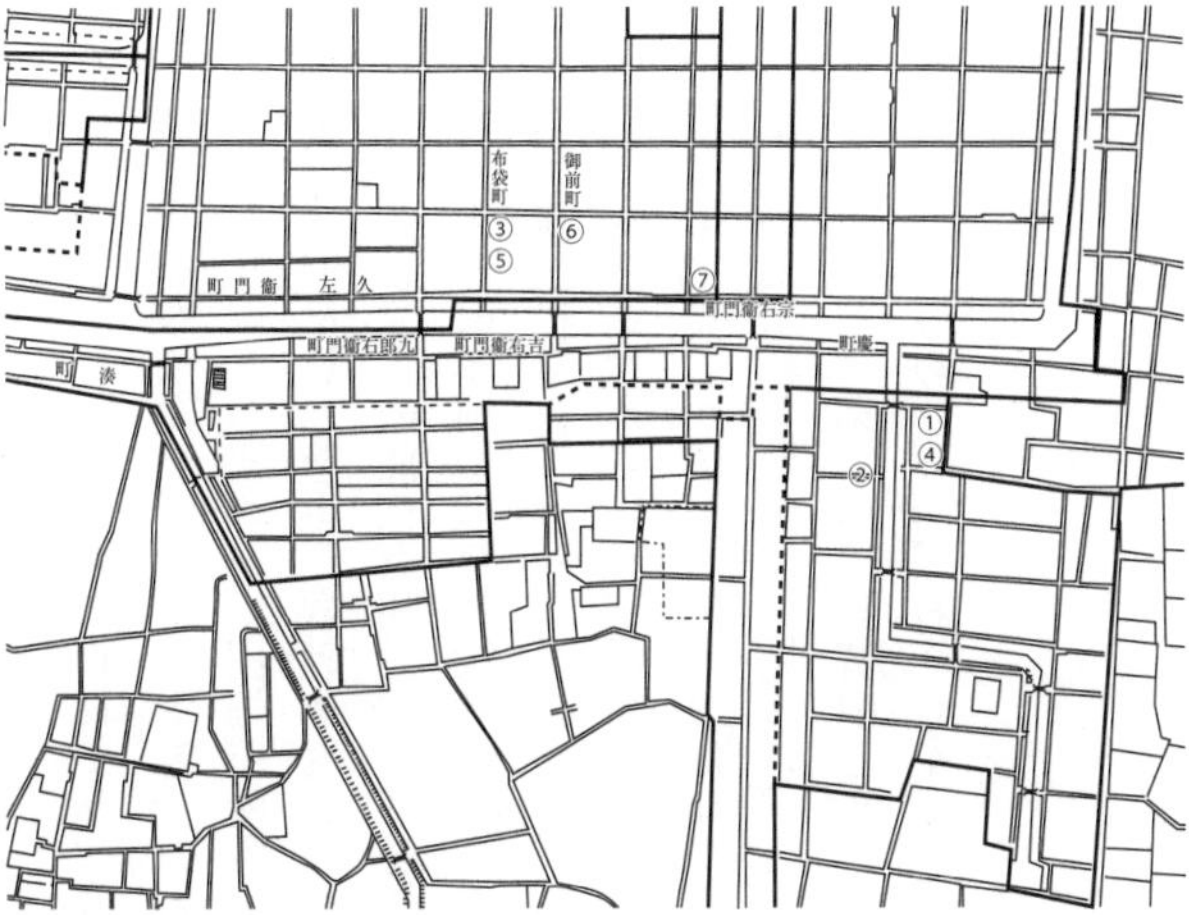

図9－2　歌舞伎役者の居所

さらに、先述したように彼らにはすべて歌舞伎役者という肩書がされており、最後の藤川八蔵以外はすべて他の者の同家・同居とされている。天保一三年に、彼らは田畑家屋敷の所持を差し止めると言われているが、それ以前から土地所持をはばかる社会的規制が形成されていたのではないだろうか。

ただし、市川鰕十郎の場合の播磨屋市蔵、中村芝翫の場合の加賀屋玉七は、ともに彼らの倅だと思われ、実質的な家屋敷所持は鰕十郎や芝翫だったのではないだろうか。もちろん、この段階でもすでに市川市蔵は歌舞伎役者となっており、彼を役者として表記をするときは別の表記（「某に同居　歌舞伎役者市川市蔵」のような）がされるであろう。家持として表記する際は、藤川八蔵が、実は亀屋八蔵とされるような形で、「播磨屋市蔵」と表記されたと考えられよう。借屋人の場合にも、名前人は別の者を立てているが、実質上は役者当人ということも十分にありうる。

こうした状況からすると、田畑家屋敷の所持規制を受けながら、実際には高額の給金を受けて経済的な実力を得た歌舞伎役者の家屋敷所持が広がっていたのであろう。このことには《法と社会》の関係を相対的かつ総体的に把握することの必要性が示されている。

なお、天保改革前の歌舞伎役者が西高津新地に多く居住していた段階で、西高津新地に居住の歌舞伎役者たちはすべて借屋人（の同家・同居）であるが、布袋町の市川鰕十郎は実質的な家持と考えられ、道頓堀の組合八町の辺りの歌舞伎役者は家持を含む社会的上位に位置している者が多かったのではなかろうか。また、西高津新地には、陰陽師や願人坊主などの勧進宗教者の居住も見られ、芸能者も含む多様な身分的周縁の者の併存する地域だったのである。第六章で褒賞の分布に触れた通り、西高津新地は孝子褒賞の事例が多数見られた地域であったが、おそらくそれは多様な都市下層民衆の分厚い存在と表裏の関係にあったものと思われる。

第一〇章

御池通五丁目の褒賞

†町の側から見る

ここまで、大坂三郷に通達された孝子褒賞・忠勤褒賞の史料をもとに、さまざまな視角から、仕事や暮らし、生活状況などについて考えてきたが、本章では褒賞を受けた者が住む町の側に残された史料から見えてくる局面を考えておきたい。褒賞理由の通達からは、都市民衆が属する仲間のあり方などは見えなかったのと同様に、都市民衆が住む町での動向は見えてこない。すでに第三章で「褒賞の前と後」について、あるいは第六章で菊屋町の人別帳から転宅の様子を見ているが、改めて町の側から見ることの必要性が確認できるであろう。それは、褒賞を受けた者の全体像に迫ることともなろう。

第三章で「褒賞の前と後」について触れた際に用いた御池通五丁目の関係史料（「小林家文書」）には褒賞に関わるものが含まれている。御池通五丁目では、安政元（一八五四）年九月に孝子として褒賞を受けた阿波屋菊松と安政三年（一八五六）年六月に忠勤によって褒賞された墨屋和平下女いその事例がある。以下、順に見ていこう。

†阿波屋菊松の褒賞

孝子阿波屋菊松の褒賞については、按摩・按腹渡世に関わる部分は第八章で紹介したが、もう一度全体の事情を見ておこう。阿波屋菊松は、河内屋重右衛門支配借屋に住んでいた。河内屋重右衛門は御池通五丁目に家屋敷（第二章図2-4⑧）を所有していたが、支配借屋とあるので、彼が家守を勤めている平野屋五兵衛の家屋敷（図2-4⑫）に居住している。

安政元年九月二九日に通達された褒賞理由書によれば、七二歳の母つると二人暮しであった。文政三（一八二〇）年に父仁兵衛の死後、幼年より習い覚えた袋物仕立て職に精を出し、母つるを養ってきたが、七年前にけがで体が不自由になった時には、つるを背負って難波村の接骨師のところに連れていき、平癒させた。（第八章で触れたように）五年前に菊松が眼病に罹り、袋物仕立て職ができなくなり、家の前に雑菓子店を出したが、日々の暮らしに事欠いたため、按腹導引を習い覚え、これで稼いでつるを養っていた。ところが二年前の六月につるが病気となり、寝たきりになった。その後、薬用・介抱に努め、困窮な中でも好きな物を食べさせるなどして、ようやく快方に向かった。しかし、菊松自身の眼病が次第に悪化し、盲目同然となってしまった。同町内の別の借屋に住む弟の阿波屋亀吉も子供がいて困窮であり、母と菊松の家賃は亀吉が負担したが、それ以上の援助は困難であった。こうした菊松の母つるへの孝心を奇特として、鳥目五貫文が下されたのである。

菊松は自身が眼病・盲目であるにもかかわらず、病気の老母を支えて、生業・看病・介護に力を尽くし、褒賞されたのである。父は三五年前に亡くなっているので、幼少期に困難に直面したと思われるが、深刻になるのは、母つるがけがをした七年前、さらに菊松自身が眼病となる五年前頃から一段と進む。孝子褒賞のパターンⅠの要素を含みつつ、パターンⅡと言ってよい。

この褒賞が通達された九月二九日の七ヶ月余り前の二月に、惣年寄からの阿波屋菊松らの行状の御尋ねを受けて、御池通五丁目の年寄墨屋和平から提出した口上書の下書き・写しが何種類か残されている。この行状書上げを踏まえて、褒賞が行われたことは言うまでもない。修正を繰り返した様子がうかがえる史料があるが、ほぼ三種類にまとめられる。一つは、近年のことのみ記したもので、二月一三日の日付で年寄墨屋和平の押印がある。他の二種は父仁兵衛のことを含めて詳細で、多くの修正がある。あるいは、孝子菊松・亀松の存在を伝えるべく二月一三日付の口上書を提出後に、さらに詳しい行状書上げを求められたため、追加の口上書が準備されたのかもしれない。二月一三日付では、菊松と亀松はともに並んで記されているが、それ以外のものは、菊松の行状御尋ねに答える形になっており、菊松の孝心に焦点化されている。褒賞は、その延長上で菊松に対するものとして行われたのである。

しかし、これら三タイプの口上書は矛盾することなく、内容的には相互補完的な関係にあるので、褒賞理由書に加えて、三種類の口上書からわかる事情をまとめて付け加えておきたい。褒賞当時、母つるは七二歳であったが、菊松は四八歳であった。弟阿波屋亀松は四二歳、妻子三人合わせて四人家族で同町の和泉屋利兵衛借屋に住み、「荷い売青物屋渡世」（野菜の行商）を生業としていた。父仁兵衛は三五年前に亡くなっているので、母つるが三八歳、菊松一四歳、亀松九歳の時である。

菊松の生まれた時には、父阿波屋仁兵衛は堀江地域の宮川町天王寺屋与一郎借屋で青物渡世を営んでいた。菊松は幼年から病身だったので、父と同じ青物渡世ができないため、袋物仕立て職を覚えたという。青物渡世は後に弟亀松に受け継がれる（ただし、父死亡時九歳なので期間が空くものと思われる）。天保三（一八三二）年、菊松二六歳の時に母つるとともに白髪町大津屋芳兵衛支配借屋に引っ越す。この時、亀松は一緒ではないので、その別居（あるいは女房をもらったか？）を契機に転宅したのかもしれない。その後、天保一四（一八四三）年一二月に現在の御池通五丁目の借屋に移り住んだ。褒賞までに一一年余り居住していることになる。母つるのけがや病気、菊松の眼病・盲目はこの後のことであり、本当に過酷な状況に陥るのはこの後ということになろう。

これ以降のことは、褒賞理由書と変わるところはないが、つるを背負って難波村の接骨師のところに通ったのは七~八回とされていることや、「按腹導引」という表現は元の「按摩」が言い換えられたものだったこと、居宅表に「雑菓子店」を出したとあるところは元は路地門先(もしくは路地表)へ母つるが「一文菓子店」を出したとされていたことなどがわかる。褒賞理由書では、表現の統一を図るとともに、菊松の孝心に焦点を合わせ、古い時期のことなどは省略される形で、整えられたものと思われる。

ともあれ、この事例では、自らも眼病・盲目という状況にありながら、高齢の母の看病・介護に努めているのである。菊松の履歴全体を振り返ると、眼病となって袋物仕立て職ができなくなった時に選択されたのが按摩・按腹渡世だったのであり、眼病・盲目になることと按摩渡世(按腹渡世)が密接に結びついていることが、より鮮明になったと考える。また、この事例については、褒賞に至る過程で作成され、町に残された史料を見たのであるが、当初、菊松と弟亀松が上申されたものの、亀松は除かれていくプロセスがあったのである。事前に町からの上申があり、それを受けた行状御尋ねがあり、何が褒賞に値するかが選び取られていくプロセスが浮かび上がり、興味深い。

†下女いその褒賞と墨屋和平

第三章で、安政三（一八五六）年六月五日に墨屋和平下女いそが忠勤褒賞された事例を紹介した。そこでは、「褒賞の前と後」の様子をうかがうことに主眼があったので、墨屋和平一家といそについては簡略に触れたに過ぎなかった。ここで改めて、見ておこう。

この事例は大坂独自の褒賞ばかりとなる文政以降で数少ない江戸の下知を受けたものである。褒賞当時、奉公先の主人墨屋和平（七一～二歳）は、先年女房きぬが病死し、倅和助（三一～二歳）・妹ふさ（二七～八歳）・ちう（ちゅう）（二三～四歳）と下女いそ（二二～三歳）の家内五人暮らしであった。以下、褒賞理由書によって経緯を確認しよう。

五年前：墨屋和平、中風に。
四年前：いそ、墨屋での奉公開始。
三年前：倅和助、中風に。娘ふさ・ちう、眼病に。

いそは、四年前から墨屋和平方に奉公するようになったが、それ以前（五年前）から、主人和平は中風を患っていた。三年前に倅和助も中風を患い、ふさ・ちうも眼病となり、盲目同然になる。それ故、「いそ義格別心配致し、主人父子四人の介抱、万事其の身に引請け、右のものとも日々の食事は勿論、和平・和助、起臥・進退・両便等の世話迄も、深切《しんせつ》に行届かせ」、また商売向きまで諸事取り計らったという。墨屋は家屋敷も家質《かじち》に入れ、困窮をしていたため、いそは無給というだけでなく、自分の衣類を売って賄い、縁談も断って世話したとある。また、商いについても、摂州安立《あんりゅう》町辺りの元方の墨屋で品物を買い回り、得意先に支障が出ないように取り計らったという。こうして「昼夜主人父子を大切に介抱行き届かせ、忠勤を竭し候段、心妙《しんみょう》奇特成るものに付き、其の段江戸表え申上げ候処、この度御下知に依り、御褒美として銀五枚下され」たのである。

この褒賞に先立つ四月四日に、御池通五丁目の町年寄瀬戸屋九蔵・五人組河内屋重右衛門は、（西）町奉行所に宛てて、いその忠勤ぶりを記した「乍恐口上《おそれながらこうじょう》」を提出している。これは、町奉行所からの「行状御尋ね」を受けて提出されたが、おそらくその前提には町内からの推薦があったであろうことも先に触れた。そこでは、いその父が戎嶋《えびすじま》町の淡路屋与兵衛借屋に住む備中屋与八の娘であること、安政元（一八五四）年一一月の大地震の際にいそが体が不自由な和平・和助を背負って、隣家の空き地面まで連れ出したことなどがわかるが、行状の書上げと褒賞理由書は、基本的に同内容である。

おそらく行状書上げを踏まえながら、追加確認や表現の調整などが行われ、この場合は、江戸へ上申され、江戸からの下知を受けて褒賞に至るという経過が想定される。先の阿波屋菊松の場合も同様であるが、かなり丁寧な調査の上で実施されており、その際、町内の認識（近隣の者たちが孝子・忠勤であると認めていること）が重要だったことがわかる。

褒賞後に各所からお祝いが寄せられる状況は、第三章で詳しく触れているので、ここでは触れない。

ところで、二年前の阿波屋菊松の褒賞の際に口上書を提出していたのは、御池通五丁目の年寄墨屋和平であった。今回のいその褒賞では、墨屋和平は病気で身上不如意とのことである。御池通五丁目の関係史料から、この前後の墨屋和平家の動向を追ってみよう。

墨屋和平は、図2－4⑥の家屋敷の家持であった。先の口上書の差出人は、年寄瀬戸屋九蔵と五人組河内屋重右衛門であったが、河内屋重右衛門は道を挟んで西隣の⑧の家屋敷を持っているという関係であった。ちなみに年寄瀬戸屋九蔵は北側の⑬の家屋敷を所持していた。

墨屋和平の先々代は、御池通五丁目の借屋人であったが、享和二（一八〇二）年に家屋敷⑥の西側を買得して、御池通五丁目の家持となり、町内の借屋から転宅した（⑥の東側は文政八年買得）。その時の家内は、下人下女を含め一〇人前後の所帯であった。文政七（一八二四）年一一月に年寄高岡屋勘右衛門が退役し、一二月に墨屋和平（三七歳）が跡役の町年寄に就任するが、彼が安政三（一八五六）年のいそ褒賞時の七一〜二歳の墨屋和平である。年寄就任の段階で和平は三代二二年の間、町内に住居し、墨筆商売に従事とされている。

安政二（一八五五）年に、墨屋和平が「病気に付き」年寄を退役し、瀬戸屋九蔵が跡役になるが、いその褒賞理由書によれば、和平は嘉永五（一八五二）年に中風になっているので、その後三年間、年寄の地位にあったことになる。そして、安政三年に、いその忠勤が褒賞されることになる。

その後、どういう事情があったのか不詳であるが、文久元（一八六一）年の人別帳には、家持で墨屋万治郎（一二歳のため代判山本町柴屋太兵衛借屋墨屋庄八）・伯母ふさ・下人幸吉が見える。和平・和助とも見えない。和助の妹だったふさが伯母なので、万治郎は和助の養子であろうか。また、「忠勤」を尽くしていた下女いそもいなくなっている。翌年の人別帳でも同じ三人が見えるが、文久三（一八六三）年の人別帳では、奈良屋忠兵衛借屋へ移転しており、家内は墨屋万治郎・伯母ふさ・同家嘉七・女房かつ・娘なら菊・うた・下人幸吉の七人となっている（同家の嘉七一家がどういう関係かは不詳である）。ところが、元治元（一八六四）年一〇月に下人幸吉に暇が出され、翌年正月六日に残り六人が家出してしまい、翌二月一二日になっても帰って来なかったため、奉行所へ届け出られている。

いその忠勤にもかかわらず、家持で、直前まで町年寄も勤めていた墨屋和平家は数年足らずで借屋人になり、さらに欠落《かけおち》（行方がわからなくなること）するに至った。その切っ掛けは嘉永五年以降の家族四人の立て続けの病気だったのである。ここには、借屋層だけでなく、家持でも様々な契機で過酷な状況に陥ることが見てとれると言えよう。墨屋和平といその事例からは、褒賞の前後には取調べとお祝いがあるだけでなく、それぞれの人びとの長い起伏に満ちた人生があることも思い知らされるのである。

†町年寄精勤褒賞

一九世紀の大坂では、町年寄などの精勤褒賞が多く見られたことも第三章で触れたが、文久二（一八六二）年六月二七日に御池通五丁目の瀬戸屋九蔵が褒賞されている。同日付の御礼の書付が御池通五丁目の史料に残されている。しかし、この褒賞について、市中に通達されたのは七月二八日である。それを引用しておこう。

御池通五丁目
同　六丁目　兼帯年寄　瀬戸屋九蔵

其の方儀、兼て役儀出情いたし、其の余奇特の取計い等相聞え候に付き誉め置き、褒

美として銀壱枚取せ遣し候、弥此の上相励むべく候、

実際に瀬戸屋九蔵が褒賞されてから約一ヶ月後の通達である。町触は発布後すぐに通達されるのに対し、褒賞などを含む達書は適宜都合にあわせて伝えられたが、これはそれを示す一例である。

ここでは、「役儀出情」であり、その他奇特の取計いがあったという簡単な褒賞理由だけが記されているに過ぎない。しかし、褒賞に至るまでには詳細な調査と調整が行われている。

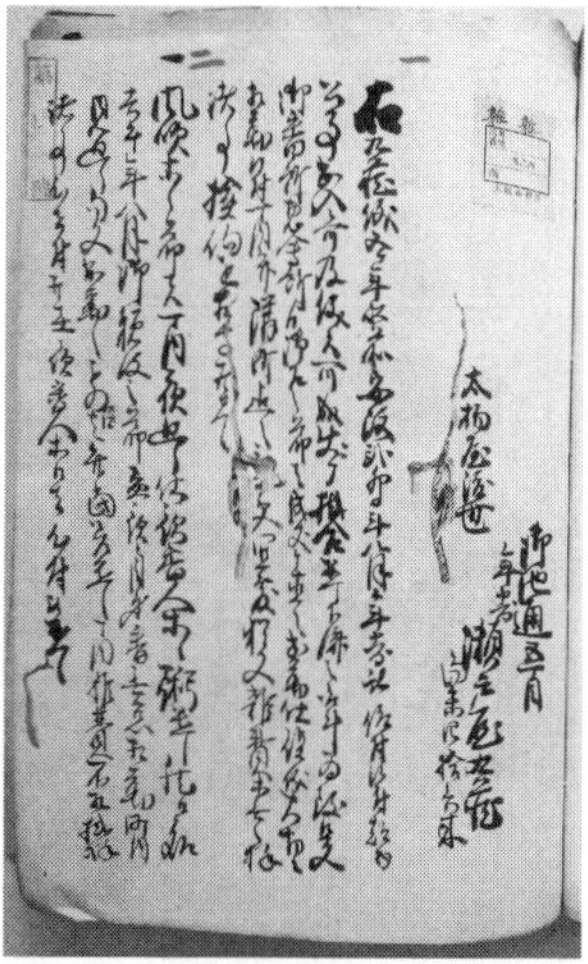
図10－1　瀬戸屋九蔵の功績調べ
（「小林家文書」大阪市立中央図書館蔵）

褒賞に向けた上申の準備もしくは調査は、安政六（一八五九）年から始められていた。そのことは、図10－1に示した書付からうかがえる。冒頭に御池通五丁目の年寄で太物屋渡世の瀬戸屋九蔵は「当未」年（＝安政六年）に四三歳とあり、この段階ではまだ御池通六丁目の町年寄は兼帯していない。

つまり、最初は「未」年＝安政六年に書かれたことがわかる（一〜八条まで）。九条目は、「去々未年」とあり、一〇条目は「去申」とあるので、ともに酉年＝文久元（一八六一）年段階に追記されたものである。その後の部分は、「去酉」とあるので、褒賞の行われた文久二年（戌年）に書き加えられたものであることがわかる。おそらく町内で瀬戸屋九蔵の褒賞に向けた推薦の準備が安政六年から行われていたものと思われる。

安政六年段階では、①公事出入り（紛争・訴訟）を下済（当事者間での解決）させ、惣会所などに自分で出勤し、倹約に努める／②夜番人の取計い、自身番／③暑中の和中散配布／④困窮者への正月餅配布／⑤借屋人三河屋伊八の葬式に補助／⑥いその褒賞に祝儀／⑦⑧借屋人丸屋源兵衛の滞り銀出入りの立替え、ということを町年寄精勤の内容として上申しようとしていた。

①は町年寄の職務の基本であろう。

②については、風の強い（火事の心配な）時は、夜回りの夜番人に粥を給し、安政五年八月の（一三代将軍徳川家定死去に伴う）「御穏便」の時節に（家持たちの）自身番をきちんと勤め、町内見回りや御用に出勤した者たちに弁当を出して、雑費の掛からないようにし、夜番人には心付を与えたとある。警戒の必要な時に番をきちんとしつつ、なるだけ経費が掛からないようにすることが重視されている。

③は、毎年夏六月の暑い時期に、食あたり・暑気あたりの薬・和中散を多人数に施したという。これは瀬戸屋九蔵が始めたことではなく、三二年前の文政一一（一八二八）年から続いているという。墨屋和平が年寄になって、しばらくして始めたことである。

④は、御池通五丁目と隣町（御池通六丁目か）の餅が搗《つ》けない困窮者に、一二月二八日に餅切手（餅との引換券）を施しているという。

⑤は、薩摩屋金兵衛借屋の三河屋伊八が安政六年五月のコレラの流行で死亡したが、倅たちが幼少、かつ困窮で葬式も思うに任せなかったので、鳥目（銭）一貫文を補助したという。

③・④は町内の困窮者一般への施行である。⑤は個別的な補助である。ともに町の救済機能を示すものである。

⑥は、先の墨屋和平下女いその褒賞の際に鳥目五貫文を贈ったという点である。

⑦⑧は、河内屋重右衛門支配借屋の丸屋源兵衛が訴えられた滞り銀出入り（滞納された借銀の返済を求める紛争）の際に、立て替えて、下済させたという案件で、①の具体例という意味を持つ。⑦は、町内の大和屋仁三郎が安政五年一一月に貸した銀一貫目の返済を求めたものであるが、安政六年七月に出訴しようとした際に、銀八〇〇目を立て替えたものである。⑧は、長堀宇和島町の佃屋宗兵衛支配借屋の尼崎屋喜兵衛が安政六年七月に年

賦銀を滞らせた丸屋源兵衛を訴えたのに対し、金一両を立て替えたものである。

続いて、文久元年に、⑨町内の借屋人同士〔天満屋平兵衛と大和屋忠兵衛〕の滞り銀出入りの立て替え、⑩迷子への対応と補助が追加事項に加えられた。さらに、文久二年には、⑪万延元年一一月の高米価に際して施行、⑫六丁目年寄の兼帯と、その際の袴摺料〔就任時に渡される手当金〕などを先役八萩屋弥兵衛の遺族に贈ったことが追加されている。

⑨は、⑦・⑧と同様の公事出入りを下済させるということの具体例である。

⑩は、万延元（一八六〇）年閏三月五日の夜四つ時に、町内の奈良屋彦兵衛支配借屋の軒下に四歳ほどの女子の迷子があり、天満源蔵町の父重兵衛を探し出し、送り届けるとともに、鳥目三貫文を見舞いとして差し遣わしたという。迷子や捨て子への対応も町〔年寄〕の役割である。

⑪は、万延元年一一月米価高騰時に、町内の裏借屋の困窮者に一軒当り四〇〇文を施行したという。先の③・④なども、町年寄だけが資金を出すわけではないが、町の救済機能が示されている。

⑫は、御池通六丁目の年寄八萩屋弥兵衛が病死した後、成り手がなく、瀬戸屋九蔵が兼帯することになった時のことである。その際、御池通六丁目から受け取った袴摺料など銀一五〇目を、先役八萩屋弥兵衛の遺族に贈ったという。これは、瀬戸屋九蔵の温かい人柄

を示そうとするものであろう。

この書付は多くの修正が施されており、下書きであるが、惣会所の者と思われる利三郎から御池通五丁目の町代幸七に宛てた書状において、書付の内容に対応する問い合わせがされているので、ほぼこの内容で提出されたことがわかる。その問い合わせとは、夜番人何人に粥を出し、穏便中の見回りの者何人に弁当を出したか、夜番人への心付はどれほどか、難渋人への餅切手はいつごろから出しているのか、三河屋伊八の倅は何歳で名前はだれか、丸屋源兵衛、大和屋忠兵衛への立て替え金銀は返されたか、八萩屋弥兵衛の跡名前(相続人)はだれか、というものであり、先の書付の箇条と対応していることは明白である。

こうした惣会所と町代レベルでの具体的で詳細な確認作業が行われて、褒賞に至ることがわかる。この事例を念頭に置くと、簡略な理由しか示されない他の町年寄精勤褒賞の事例においても、詳細な調査が行われていたことが想定される。また、この瀬戸屋九蔵の行状の書上げからは、町内の紛争解決や相互扶助、あるいは日常生活における夜番や倹約など、町年寄に期待されたものがうかがわれる。他面では、それは町の機能を示しているとも言えるであろう。また、確認作業のなかで町代が重要な役割を果たしていたことがわかり、町の運営において町代の果たす機能の重要性も理解できる。また、町年寄瀬戸屋九蔵が尽力したとされる諸々の出来事（町内警備、病気の予防、正月の餅配り、貧民への救済、紛争の解決、迷子・捨て子への対応）からは、都市住民の生活の多面的なあり様をうかがうことができるのである。

町年寄精勤褒賞においても詳細な調査がされていたが、この点は孝子・忠勤褒賞でも同様のプロセスが存在していたことが想起される。人命救助の褒賞は、長期の経緯を調査するということはないであろうが、その出来事自体の調査はしっかりと行われたであろう。孝子褒賞や忠勤褒賞に加えて、ここで見た町年寄などの精勤（町代の精勤を含む）や歌舞伎役者のところで見た人命救助の褒賞など、一九世紀の諸種の褒賞を全体として視野に納めなくてはいけないことが理解できるであろう。

終章　明治期への展望——総括にかえて

ここまで、江戸時代後期の孝子褒賞・忠勤褒賞について見てきたが、それが明治期にはどのように展開していくのだろうか。明治維新によって、政治体制は大きな転換を遂げるが、社会のあり様はそう簡単には変わらない。褒賞についても、制度の変化のなかで、社会的な連続性がうかがえるであろう。それがどう表現されるかを考えてみよう。

†「府県史料大阪」の褒賞史料

一八七二（明治五）年から太政官正院歴史課によって各府県ごとの史料の編纂が開始される。これは府や県の公文書などを項目ごとに分類・編集したものであり、現在、「府県史料」として国立公文書館に大量に残されている。その分類の中に、「忠孝節義」などの項目がどの府県にも見られ、明治初期に、全国で孝子や忠勤などに対する褒賞が行われていたことがわかる。

「府県史料大阪」の中にも、一八六八（明治元）年から一八七七（明治一〇）年までの

「職制・賑恤・忠孝節義・駅逓・租法・禄制・兵制・会計・古趾遺蹟」の簿冊をはじめ、一八七九（明治一二）年までの「忠孝節義」の記録を含む簿冊が四冊ある（当然だが、ここには、大阪府下であれば、大阪市域外の事例も含まれている）。

その最初の事例は、次のようなものである。

鈴鹿町　和泉屋八郎兵衛長女　まさ

家計貧窶《ひんる》の際、孝心の聞達これ有り、就中、父鬱病中、看護行届きに付き、金千匹賞与す

明治二年己巳正月

江戸時代の孝子褒賞とまったく同質の褒賞であることがわかろう。これ以後、明治一二年までの多くの事例がまとめられている。褒賞理由は、文化六（一八〇九）年以降の大坂町奉行所限りで行われた褒賞と同様に非常に簡略である。その後、徐々に詳しい理由書が付されるものも出てくる。一例として、一八七三（明治六）年三月に褒賞された西大組第八区阿波堀裏町の新井久兵衛借家に住む竹中喜代作の事例を紹介してみよう。

なお、江戸時代の大坂三郷から明治期の行政制度変更に伴い、この時期には大阪市中は

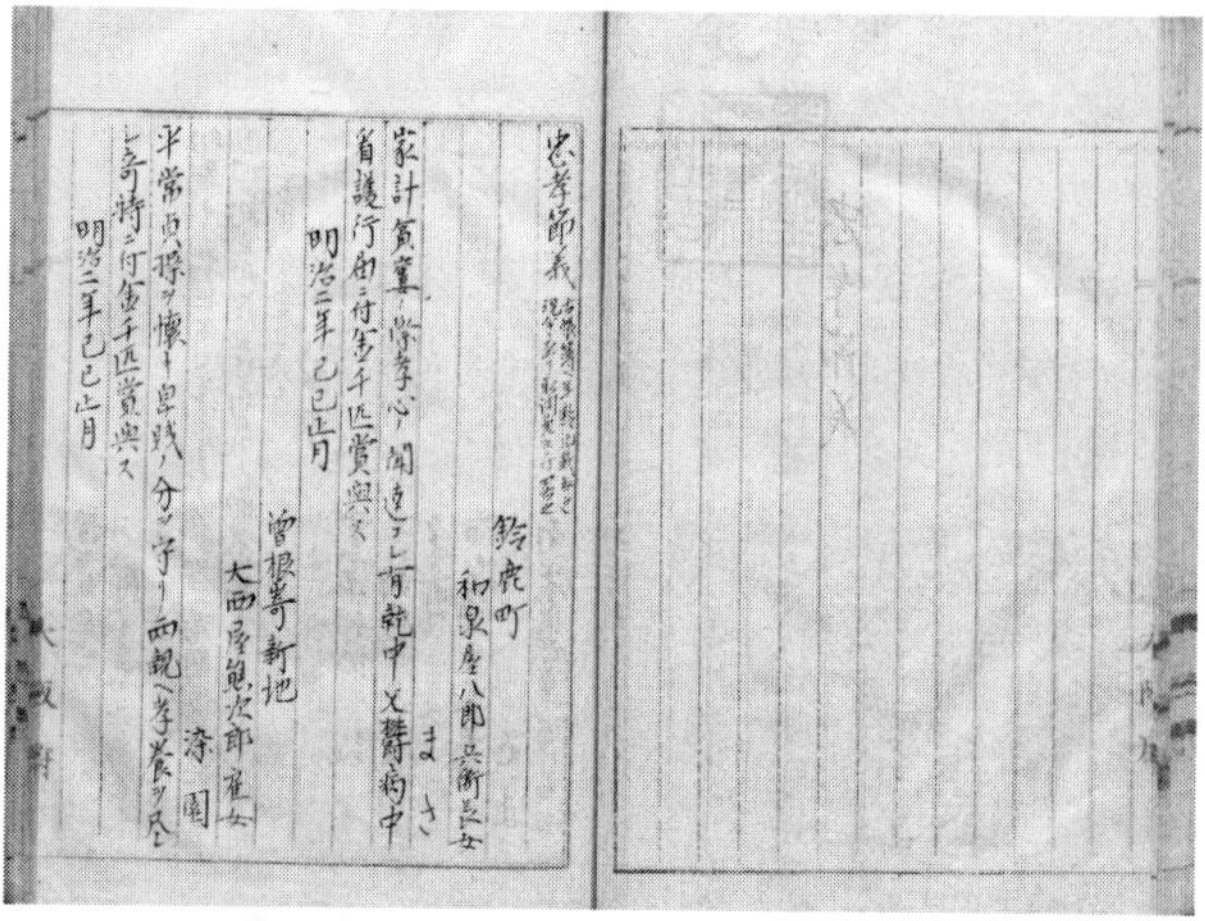
忠孝節義

鈴鹿町
和泉屋八郎兵衛長女
まさ

家計貧窶ノ際孝心ノ闕遺ナク有就中父持病中看護行届ニ付金千匹賞與ス

明治二年己巳正月

曽根崎新地
大西屋鬼次郎雇女
淳園

平常貞操ヲ懐キ卑賤ノ分ヲ守リ両親ヘ孝養ヲ尽シ奇特ニ付金千匹賞與ス

明治二年己巳正月

図 X-1　**明治の褒賞事例**（国立公文書館蔵）

東西南北の四大組に再編されており、住所表示が変わっているが、この事例は大阪市中である。

竹中喜代作は、幼少の時に盲人になり、一四歳で西大組第二〇区船津町の浄瑠璃師淡路屋喜右衛門の門人となり、喜右衛門の死後は寡婦のぶが寄る辺ないことを思い、先師の恩義に報いようと、名跡を継ぎ、のぶを養母とした。「日々演劇場へ出業し」ている間は人を頼んで看護し、帰宅しては自ら懇篤に世話した。日ごろからのぶの意に背かず、質素に暮らし、近所の貧人には金銭を遣わし、さらに昨年には家主新井久兵衛と相談して、往来人の便宜のため太郎介橋に常夜灯を設置した。これらに対して、「盲人の分として陰徳の志深きに付き、金弐円五拾銭賞与す」とされている。

竹中喜代作は、江戸時代の褒賞事例では確認できなかった浄瑠璃関係者への褒賞であり、注目されるが、幼くして盲人になったことや師匠の寡婦のぶへの孝行ぶりなどはこれまでの褒賞と共通している。彼の場合も、歌舞伎役者藤川八蔵と同じように、一定の成功を収め、近所の貧しい人への助成や常夜灯の寄付に見られるように、経済的には余裕を持っていたと思われる。しかし、そこに達するまでには多くの困難を乗り越えたであろう。

明治初年にも、江戸時代と同様の孝子褒賞・忠勤褒賞が広く行われていたことがわかる。また公共物の寄付が「陰徳」(かくれた善行)とされていることにも注目しておきたい。

†勲章制度の形成

「はじめに」で触れたように、現在の春秋の叙勲や褒章は、その法的根拠として、明治初期に制定された勲章条例(「勲章制定の件」)と褒章条例が改正を繰り返されながら、現在に至っている。

まず、勲章条例の制定の経緯について見ておこう(国立公文書館蔵「太政類典」第二編第二九巻)。

一八七一(明治四)年九月二日に明治政府の正院(執行機関)から左院(審議機関)に

「凡そ人の功績勲労あるもの衆庶の共に欽尚《きんしょう》すべき所なり。依りてこれを嘉奨《かしょう》し、位爵を用いて賞典とし、等級に応じ、賞牌を与へ、以てその功勲を表著せしめんと欲す。宜しくその可否を審議し、その体裁を具備して上陳すべし」との下問が行われた。

その後、一八七三（明治六）年一月四日に、左院はこれに対する上奏を行っている。そこでは、勲功のある人に爵位や俸禄を手厚くすることは古来からあったが、いまだ不足しているとして、西洋諸国の勲章も参照しながら、次のように言う。「それ刑律以て不法を懲《こら》し、褒賞以て有功を勧むるは、古今の常道、いま刑律の条日《ひ》に備りて、褒賞の典いまだ設けず。これ人を罰するに詳にして、人を賞するに略す。しこうして可ならんや」。明治維新後、刑罰の制度は整ってきたが、褒賞の制度が備っていない。これでいいのかと言うのである。

一八七一（明治四）年初めに明治政府は、より詳細な刑法典が完成するまでの暫定法という位置づけだが、全国的な刑法典の「新律綱領」を制定した。さらに一八七三（明治六）年には、「改定律例」が頒布された。この段階では、西洋的な刑罰や監獄制度が研究されてはいたが、いまだ中国式の刑法を参照した改革であった（一八八〇（明治一三）年にボアソナード起草の刑法公布）。しかし、こうした刑法の整備を踏まえて、正院は褒賞制度の未整備を問題にしているのである。刑罰と褒賞が表裏の関係で考えられていたことが注目されよう。

この二年後、一八七五（明治八）年二月の明治天皇の「朕惟《ちんおも》ふに、およそ国家に功を立て、績を顕す者宜しくこれを褒賞し、以てこれに酬《むく》ゆへし、仍て勲等賞牌の典を定め、人々をして寵異《ちょうい》表彰する所あるを知らしめんとす、汝有司、それ斯《こ》の旨を体せよ」との指示を受けて、四月一〇日に、太政官布告一八七五（明治八）年第五四号（勲章条例）が制定される。


今般賞牌別冊の通り定められ候条、この旨布告候事、

ここでは別冊の「賞牌・従軍牌 図式」は、省略するが、勲一等から勲八等までの賞牌や従軍牌のデザインやその着用法（佩用式）が規定されている。なお、ここで用いられている賞牌という言葉は、一八七六（明治九）年の太政官第一四一号布告で勲章と改称される。

以上のような勲章制度の制定には、幕末以来の経過があった。慶応三（一八六七）年のパリ万国博覧会に幕府と並んで薩摩藩・佐賀藩が出展したが、薩摩藩は独自に「薩摩琉球国勲章」をつくり、フランス政府高官に進呈したという（栗原二〇一一）。それに対抗して、

幕府も勲章制定に向かったが、実現しないうちに明治維新となった。明治政府も政府高官や外交官が相手国から勲章をもらった際の返礼の必要もあり、勲章制度の制定に迫られたと言われている。実際、正院の上奏においても、西洋各国の「オーダー」（爵位）や「デコレーション」「メダル」（勲章）が言及されており、勲章制度の成立に対外的な契機が重要な意味を持っていたことは間違いないであろう。

そして、勲章制度の形成と引き続くように、褒賞制度の整備が進められるのである。

†褒賞の制度化に向けて

勲章条例が出されて三ヶ月たった七月一〇日に「篤行奇特者及び公益の為め出金者賞与条例」（一八七五〔明治八〕年太政官達一二一号）が、太政官から「府県へ達」として通達された（「太政類典」第二編第三三巻、なお開拓使〔＝北海道〕は別途、一五日に通達）。そこでは、「篤行及ひ奇特者賞与」は、すべてその時々に伺いを経て実施してきたが、今後、以下の条例を基準にして取り計らい、月末に集計して、「事由及ひ金員」を詳細に内務省へ届け出るようにとされている。

この通達の前提には、七月二日に内務省から太政官へ提出された伺いが存在していた。そこでは、おおむね次のような趣旨が述べられている。

賞与は臨機に迅速に実施することが最も大切だ。巡査・邏卒《らそつ》は「賞与規程」があり、一般人も同様の働きについてはそれに基づいて取り計らい、また官庁の工事などで仕事のために死傷した際の手当も「規則」が通達されているから良いが、「忠孝・義僕、或は学校・病院・道路・橋梁及び済貧恤窮《じゅっきゅう》等の費用を差し出し候奇特者」はその時々に申請の上で取り計らってきた。しかし、遠隔の地方から一々伺い出ていては時機を逸して、せっかくの恩賞が意義を減衰してしまう。他の者への奨励からも不都合が少なくないので、以下の条例に沿って地方官に委任した方が良いと考える。至急の指示をいただきたい。

この伺いに対して、八日という短期間で出されたのが、先の通達であった。ここからは、先の通達で「篤行奇特者」とされているものが「忠孝・義僕」であり、まさに孝子・忠勤が中心に位置していたことがわかる。また、巡査・邏卒やそれと同様な働きをした一般人の褒賞は、すでに規程があるとのことだが、近世大坂の盗賊捕縛に対する褒賞などはこれに包摂されているのではないかと思われる。

ともあれ、これまではこうした奇特者の褒賞はすべて内務省への伺の上で行われていたのであるが、今後は各府県で独自に行い、月末に集計して報告することとなったのである。先に見た明治初年の大阪府で行われていた「忠孝・節義」の褒賞などがこれに当たるであろう。この経緯を見ると、寛政年間に始まった大坂での孝子褒賞・忠勤褒賞が、当初すべて江戸へ上申したうえで、江戸からの下知を受けて実施されていたのが、文化年間から大坂独自でも広く行われるようになった経緯が想起される。

一八八〇（明治一三）年九月三日に賞勲局（明治九年一〇月に賞勲事務局として太政官正院に設置、同年一二月賞勲局と改称）は太政官にたいして、褒賞条例の制定について上申した（「太政類典」第五編第四巻）。そこでは、第一に、人名救助については外国人と日本人で褒賞金が違っている現実を批判し、ヨーロッパの例を参照して、「記章」（メダル）を制定することで国内外の差異をなくすことを提案している。第二に、「孝子節婦の如き徳行者」を褒賞することは、ヨーロッパなどには見えないが、日本ではこれまでも「徳義を養生し、風俗を改良するの策」として行われてきており、これを踏まえて「この種の褒賞」も制定すべきとしている。第三に、私財を投じて公益を興す者については、政府の冗費《じょうひ》を減少させることにつながるので、これまた「この種の褒賞」を制定すべきとしている。

　これを受けて、内務省や農商務省との調整のうえで、一八八一（明治一四）年一二月七日太政官布告第六三号（褒章条例）が太政大臣三条実美名で公布された。この褒章条例では、先の上申と対応する「三種の褒章」が規定されている。第一の紅綬褒章は「自己の危難を顧みす、人命を救助せし者」に、第二の緑綬褒章は「徳行卓絶なる者」に、第三の藍《らん》綬《じゅ》褒章は「公衆の利益を興し、成績著明なる者」に与えられるとされているが、「徳行」とは「孝子・順孫・節婦・義僕の類」とされており、まさに孝子・忠勤そのものである。「公衆の利益」とは「疏河・築堤・修路・墾田の業或は貧院学校設立の類」とされている。人命救助も含めて、前年の賞勲局の上申通りに制定されたことが確認される。

褒章条例が出されたのと同日に、一八七五（明治八）年七月の太政官達一二一号の廃止が通達されている（「官省院使庁府県」宛の一八八一（明治一四）年太政官達一〇三号）。この流れの中で考えれば、褒章が近世以来の褒賞を吸収して制度化されたことは明らかであろう。

勲章・褒章の歴史的位置

一八七五（明治八）年四月一〇日の勲章条例と一八八一（明治一四）年一二月七日の褒章条例は、改正を繰り返しながらも、現在の勲章と褒章の制度的根拠として存在している。勲章については、一八九〇（明治二三）年に軍人を対象とする金鵄《きんし》勲章が創設されたり（第二次世界大戦後廃止）、一九三七（昭和一二）年に文化勲章が創設されたりした。また、戦後の一九四六（昭和二一）年から生存者の叙位・叙勲は一時期停止されたが、一九六三（昭和三八）年に再開された。二一世紀に入り、勲一等、勲二等などという数字によるランク付けをやめる見直しが行われて、現在に至っている。

褒章については、一八八七（明治二〇）年に黄綬褒章（私財献納による防海事業など／現在は業務精励）が制定され、また一九五五（昭和三〇）年には紫綬褒章（学術芸術上の顕著な功績）が設けられるなどして、現在は、紅綬・緑綬・黄綬・紫綬・藍綬・紺綬の六種の褒章が設けられている。「孝子・順孫・節婦・義僕の類」とされていた緑綬褒章は、一九五〇年を最後に途絶え、二〇〇二年に「自ら進んで社会に奉仕する活動に従事し徳行顕著である者」として、ボランティア活動などの功績に対して授与される形で再び授与されるようになっている。この変化は、天皇を頂点とした明治国家における忠孝の（儒教）道徳に基づく価値観から、戦後の民主化による大きな転換によってもたらされたものである。

近世から明治初期に引き継がれた褒賞制度から、現在の褒章制度は大きく変化してきていることは言うまでもない。しかし、一方で、叙勲・勲章制度については、専ら西洋の勲章制度の導入として理解されているが（栗原二〇一一など）、少なくとも褒章制度は、近世以来の褒賞からの展開を考えることが不可欠なことを強調しておきたい。明治以降の勲章・褒章の明治政府による、その吸収と再編の意味や、戦後の二度にわたる見直しにもかかわらず、現在に至っている意味などを考えるには、近世以来の褒賞に込められた政治的意味を踏まえておくことが必要であろう。

†明治期、都市民衆の生活世界

近世後期、大坂で行われた孝子褒賞・忠勤褒賞の事例を見ながら、都市民衆の生活世界を見つめてきた。巨大都市である大坂では、社会的分業の進展に伴って、多様な生業が生み出され、都市民衆が生きていける空間が創出されていたが、そこには複合的な生業構造が形成されていた。その中で、男の（日雇）働き渡世や女の縫仕事洗濯は最も一般的なものであった。しかし、多くの都市民衆は、幼少時の親の病気や死亡、あるいは高齢者を抱えるなどの誰にも起こりうる切っ掛けで容易に過酷な状況に陥りかねない、不安定な存在であった。

こうした社会状況は、明治前期にも継続していくものと思われる。それは褒賞事例にも窺えるが、東京に場所は変わるものの、明治前期の樋口一葉の履歴を見ると、さらに明確に理解できる。少しだけ明治前期の東京を覗いておこう。

†樋口一葉の生活世界

「にごりえ」「たけくらべ」などの名作を残した樋口一葉は、明治前半期に日本の近代文学を切り拓いた女性文学者として著名であるが、彼女の生涯を都市民衆の生活世界という視点から振り返ってみたい（瀬戸内二〇一三・樋口二〇〇八）。

一葉は、一八七二（明治五）年に父樋口則義・母たきの次女として生まれた。長兄泉太郎、次兄虎之助、姉ふじ、妹邦子の五人兄弟であった。父母ともに甲斐国山梨郡中萩原村の中農の家に生まれたが、結婚を許されず、安政四（一八五七）年に江戸へ駆け落ちする。同郷から江戸に出た友人益田藤助が旗本の奉公人から代官手代となり、幕臣真下家の株を買い真下専之丞と名乗り、蕃書調所《ばんしょしらべしょ》調役勤番筆頭となっていたのを頼ったという。則義は蕃書調所の小使、たきは旗本稲葉大膳家の乳母として働き、慶応三（一八六七）年に則義は八丁堀の同心株を購入して幕臣となり、明治維新後には、東京府少属となる。父則義は東京府の官吏の仕事をしながら、金貸し業も行うなどしていたが、一八八九（明治二二）年に事業に失敗し、七月に死亡する。

一葉は、母の方針で一八八三（明治一六）年に青海学校小学高等科第四級の卒業が最終学歴だった（一一歳）。一四歳の時、中島歌子の歌塾萩《はぎ》の舎《や》に入門した。長兄泉太郎は一八八七（明治二〇）年に病死、姉ふじは他家に嫁ぎ、次兄虎之助は別戸籍になっていたため、一八八八（明治二一）年、一葉が一六歳の時、戸主となった（父則義が後見）。父の死後、一時兄虎之助のところに同居したが、一八九〇（明治二三）年九月に一葉は母たきと妹邦子の三人で菊坂町に転居し、針仕事と洗濯で生計を立てる。翌年、一葉は小説で生計と立てる決意をし、針仕事・洗濯などは妹に任せきりだったという。その後、一八九三（明治二六）年七月に新吉原遊廓に間近の龍泉寺町に転居し、荒物・駄菓子店を開業する。翌年五月、商売をやめ、丸山福山町に転宅する。この間、次々と傑作を発表したが、一八九六（明治二九）年一一月に、二四歳で患っていた結核によって死去する。

文学研究においては、樋口一葉がどうして近代文学を切り拓くことができたのか、その文学の特質はどこにあるかが問題とされることは当然と言えよう。しかし、一葉の生涯を都市社会史の視点から見ると、また違った相貌を呈するように思われる。父則義が同心株を買い、東京府の官吏に職を得るとともに、金貸しで稼いでいる時期は、安定した都市中流の家として位置づいていたと思われる。一家の中心となる長兄・父が相次いで死亡すると、残された女三人の家族は一気に貧困にあえぐ、過酷な生活状況に陥る。一葉の場合も、その文学という要素を除くと、女三人の一家は針仕事・洗濯で何とか生計を維持しようとしていた。また、借家を探して、あちこちに転居を繰り返し、その過程では荒物・雑菓子の店を出していた。女の仕事としての縫仕事洗濯は、大坂の褒賞事例でも多数見られたが、雑菓子店の設置については、第一〇章で見た御池通五丁目の阿波屋菊松と母の事例が想起される。

こうした樋口一葉の生活状況は、孝子褒賞で見出した一九世紀の大坂の都市民衆の生活状況と共通していると言えよう。明治維新後に小学校をはじめ新たな要素が入ってくることは言うまでもないが、複合的な生業を営みながらも、多様な切っ掛けで容易に過酷な状況に陥る不安定な都市民衆の生活世界は、少なくとも幕末から明治期までは江戸・東京においても(おそらく大阪においても)連続する側面を有していたと思われる。明治末から大正期にかけて、こうした状況は大きな変容を遂げていくと思われるが、それについては別の機会を待ちたい。

†褒賞から見える世界・見えない世界

ここまで、大坂における孝子褒賞・忠勤褒賞の理由を伝える通達から、一八世紀末から幕末にかけての都市民衆の生活状況の復元を試みてきた。容易に過酷な状況に陥りかねない不安定な都市民衆たちが、家や町、あるいはさまざまな仲間に属しながら、懸命に生きている様子を見て取ることができた。

もちろん、それは孝子褒賞や忠勤褒賞を受けた者たちであって、みんながそうだったわけではないであろう。遊女や茶立女で褒賞された者たちを紹介した第九章で具体的には触れられなかったが、親元に逃げ帰ったり、事件に巻き込まれて命を落としたり、さらに自ら命を絶つようなことが多数見られたことも忘れてはならない（吉元二〇一五）。また、博奕や盗みなどで処罰されるものもいたであろう。それは刑罰関係の史料を見れば明らかになろう。

しかし、先に見た社会の過酷で不安定なあり方は、そうした者たちを生み出す要因ともなったと考えられる。その意味で孝子褒賞や忠勤褒賞を通じて見てきた民衆の生活世界のあり様は一九世紀日本の縮図であるとも言えよう。

序章でも触れたように、本書での試みは、言うまでもなく私が研究してきた大坂の都市社会史の一環をなしている。それは、都市社会を構成する多様な社会集団の内部構造を精緻に解明するとともに、それらの諸社会集団の「重層と複合」という視点から都市社会の複合構造を把握するという戦略をもって進めてきたのである。

近年は、さらに、①身分制イデオロギーレベル、②集団構造レベル、③個人のライフヒストリーレベルを弁別しながら、②集団構造レベルを基軸として統一的に把握する視角を提起していることも、序章で触れた。その際、史料が乏しい都市下層民衆について、③個人のライフヒストリーレベルを捉えることには大きな困難が伴うが、孝子褒賞・忠勤褒賞関係の史料はその可能性を秘めたものであることを示しえたと考える。

しかし、一方で、本文の各所で述べたように、孝子褒賞・忠勤褒賞の通達は、褒賞を受ける人の孝心を示し、主人への誠実を説明することに関心を集中しており、彼らが形成する社会関係や社会構造上の位置には関心が払われていないことには注意がいる。彼らを都市社会のなかで総体的に把握するには、それらの側面を示す史料で補う必要があると言えよう。

本書においても若干の町や仲間の史料を用いて、その側面を補ったが、私は、②集団構造レベルと③個人のライフヒストリーレベルをクロスさせて叙述する試みを、近世大坂の非人身分と垣外仲間（非人の組織、垣外は彼らの居住地）に即して、四年前に同じくちくま新書として刊行した『大坂の非人――乞食・四天王寺・転びキリシタン』で行っている。本書と合わせて、ご覧いただければ幸いである。

そして、歴史に生きた人びとのライフヒストリーに分け入って、それを復元しようとする問題意識は、前著の末尾に記した一節に尽きている。序章でも述べたことの繰り返しになるが、本書の最後にもそれを再録しておきたい。

私は、歴史に名を残すこともなかった民衆の過去に生きた意味を掬い上げるような歴史学を志してきたが、またそれがおもしろいとも思ってきた。しかし、世間では

「歴史」というと、天皇や公家、大名（特に私の周りでは戦国大名）や政治家、維新期の「志士」が活躍する「お話」、あるいは政治や戦争の勝ち負け、あるいは金持ちたちの成功譚などがイメージされているように思われる。しかし、歴史において過去の民衆の生きた意味を確認することは、現在を生きているわたし自身の生きる意味の自己確認である。困難な時代状況のなかで、多くの人たちが自分の生きた意味を見失っている現在、こうした歴史への向かい方もあることを伝えることができれば、これにすぎることはない。

あとがき

序章において、本書では「名もなき人びとの生きた意味」を歴史のなかで確認する営為を試みたいと述べた。本文で見てきたように、言うまでもなく、それぞれの人が「ゆき」や「こう」などの名前を持つ個人であり、固有の人生を生きた者たちであった。そうした人びとが織りなす歴史社会のあり様を描いてみたいと思ったのは、大坂市中に通達された孝子褒賞や忠勤褒賞の詳細な理由書と出会ったときであった。

それについて最初に触れたのは、二〇〇四年三月に行われた国際シンポジウム「東アジア近世都市における社会的結合——諸身分・諸階層の存在形態」での報告「近世後期大坂における都市下層民衆の生活世界」においてであった。この報告は、同じタイトルの論文として発表したが（井上徹・塚田孝編『東アジア近世都市における社会的結合——諸身分・諸階層の存在形態』清文堂出版、二〇〇五年三月）、そこでの見通しが、本書の出発点である。その後、折に触れて、一部の事例に言及してきたものの、総合的にまとめる機会を得られないまま、あっという間に一〇年以上の時間が過ぎていった。

二〇一三年に『大坂の非人――乞食・四天王寺・転びキリシタン』を刊行した後、自分が病気を経験したこともあり、何とか都市民衆の生きざまをまとめたいと強く思うようになった。そこで、研究報告の機会があれば、孝子褒賞や忠勤褒賞の分析を少しずつ進めることを心掛けていった。その上で昨年八月に、前著でお世話になった筑摩書房の永田士郎さんと河内卓さんに相談したのである。そこで刊行に向けて進めることとなったため、一〇月からの後期の日本史特講の授業で、毎回一章分の原稿を用意して授業に臨むことを、自分に課することにした（毎回、原稿を資料として配布）。

九月中にある程度のストックを準備したが、なかなか想定通りにはいかず、最後の一～二回はレジュメの形で授業を行うことになったが、ほぼこの講義を通じて第一次の原稿を書き上げることができた。受講生の感想や最終レポートを受けて、説明の仕方や補足などを行い、また並行して行った学会報告（都市史学会二〇一六年度大会）での作業やそこでの意見を踏まえて補筆するなどして、仕上げていったものである。さまざまな場で、示唆的なご意見をお聞かせいただいた方々に感謝したい。なお、都市史学会での報告「近世大坂の都市社会構造――孝子・忠勤褒賞から見る民衆世界」は、本書とほぼ同時に刊行される『都市史研究』（第四号、都市史学会、山川出版社、二〇一七年一二月）に掲載予定である。

合わせて参照いただければ幸いである。

本文で述べたように、筆者が、近世身分社会をトータルに捉えるために、①身分制イデオロギーレベル、②集団構造レベル、③個人のライフヒストリーレベルを弁別しながら、統一的に捉える視角を提起するに至ったのは、近年のことであるが、名もなき民衆に視点を当てることは以前から大切だと思ってきた。二〇年以上前に『歴史学がわかる』（AERAムック、一九九五年）という冊子に小文を寄稿した際にも、次のように述べている。

私は近世日本に生きた人々の社会史を勉強しているが、歴史のかげで、ひっそりと、しかも懸命に働き、誠実に生きた人々に無限の価値を見出しうるような歴史学でありたいといつも思っている。ふつうに暮らし、生き、そして死んでいった多くの民衆――それは被支配人民と言ってもよい――は、歴史に名を残していないのがふつうである。もちろん、そうした民衆が、みな善人であったとか、利害にとらわれていなかったとか、という楽観的なことを考えているわけではない。些細なことに一喜一憂、また、時には他者と対立したりしながらも、したたかにかつ誠実に生きた人々の生をそれ自体として意味あるものと受けとめたいのである。そうした人々が歴史をつくってきたのであり、それを明らかにすることはとても楽しい。

こうした考えは、その頃から取り組み始めた大阪南部の和泉地域での地域史研究のなかでさらに強まっていった。それは、勤務する大阪市立大学の日本史研究室の同僚たちと一緒に一九九〇年代半ばから取り組んでいる『和泉市の歴史』の編纂事業のなかで考えさせられたことが大きい。現代社会の抱える問題を考えながら、地域史研究の重要性が強く感じられたのである。

『和泉市の歴史』の取組みでは、新しい地域史のあり方を模索してきたが、その模索の一つとして、現在の町会（ほぼ江戸時代の村に相当）を対象に、「地域の歴史的総合調査」を目標とした和泉市教育委員会と日本史研究室の合同調査を実施してきた。

合同調査では、その年の調査対象の町会の地域内に残るさまざまな史料（近世以来の旧家、町会、水利組合、寺院、座など）の調査、町会役員や寺院・座、水利組合、年配者・婦人などから聞き取り、町内のフィールドワークなどを行い、事情によっては石造物の調査なども行った。大量の史料が作成される村請制という近世村のあり方は、明治維新を経て、地方行政の制度が改編されることで、大きな変容を遂げる。それによって村政に関わる村方史料が作成される条件は失われたが、座などの村落生活レベルの史料は作成され続けていることを目の当たりにした。しかし、一九五〇年代後半から一九六〇年代にかけての高度成長期にそれらの座も変容・解体の危機に直面する。もちろん地区によっては、現在まで座が存続しているところもあるが、その内実は大きな変容を遂げている。

合同調査で地域の人たちからの聞き取りを行っていると、高度成長期における地域の生活様式の激変を印象づけられるが、それは一九五四年に生まれ、福井県鯖江市の農村で育った自分の生活体験とも重なっていた。学生たちにとっては、地域の生活史を聞くことは、日常の生活の中ではほとんどないこともあり、興味深い体験となっているように見える。それは、高度成長以降、社会の流動化が進行し、祖父母との同居が減少して、そもそも話を聞く条件が失われたことの反映という側面を持つ。それを地域の側から見れば、地域のなかで培われてきた生活様式、習俗、地域運営が失われていき、「歴史」が地域で伝えられる回路が失われてきているということであろう。

こうした地域史への取組みのなかで、私は、高度成長による日本社会の激変は家と村を基盤とした伝統社会の崩壊をもたらしたという認識を強めてきた。それ故、私の専門分野は近世史だなどと言っておれず、中世末（一六世紀）に惣村のなかから村と町が生みだされ、家と村を基盤とする伝統社会が形成されてから、高度成長（二〇世紀）によるその崩壊までを視野に収めるような論考も書くようになっていった。

こうした地域史への模索は孤立したものではなく、日本各地でいろいろな試みが行なわれている。それらの取組みを結び合わそうと、飯田市歴史研究所の吉田伸之さんと香寺町史（現在、姫路市に合併）の大槻守さんとわたしの三人が呼びかけ人となって、二〇〇八年に第一回地域史物寄合を飯田市で開催した。その後、二〇一〇年に第二回（姫路市）、二〇一二年に第三回（佐賀市）、二〇一五年に第四回（和泉市・大阪市）と回を重ね、今年七月に第五回地域史物寄合を千葉県鎌ケ谷市で開催している。

地球環境の危機が環境史への関心を呼び起しているが、それと同様に、地域史への模索は（地域）社会そのものの崩壊に対する危機意識と地域的な共同への希求に根ざしていると言えるのではなかろうか。現在、新自由主義の考え方が世界を覆い、社会に果てしない競争を強い、はなはだしい格差と貧困を産み出している。これにより、資本（企業）の利潤のために人びとを使い捨ての労働力として酷使する状況が蔓延し、トータルな存在としての人間ではなく、どのような消費行動をとるか、どの商品にニーズがあるかということのみに関心が向けられることになった。それはトータルな人間を解体して、機能の束として処理する状況の拡がりとも言えるであろう。その一面は、人びとの自治と共同の単位たるべき自治体が（広域合併を繰り返す中で、人びとの生活から遠のき）、行政サービス（商品化と表裏）の提供を期待されるだけの存在になっている現状にも表現されている。こうした地域社会の解体の状況が地域史への模索を呼び起しているのである。

先ほど述べた通り、新自由主義は、人びとに果てしない競争を強い、人と人の関係を手段化することで分断していく。大学においても、学生の学費は将来のより多い稼ぎのための先行投資であり、そうした学生のニーズに対応する「改革」が繰り返されている。こうした状況に抗して、私は、この人（教員・先輩・友人・後輩）と出会えてよかったと思えることが、大学という場の《いのち》なのだと思う。

トータルな人間として結び合うような社会の構築は、大学だけでなく、あらゆる局面で重要なのではないか。地域史は地域社会の解体に抗する歴史像を模索することと同時に、それを実践する営為自体が目的性を有すると言えるのではないか。そのような思いを込めながら、今後も過去の名もなき人びとの歴史を見つめていきたい。

本書をまとめるにあたって、多くの方がたに直接、間接に助けていただいた。特に八木滋さんと渡辺祥子さんには直接いろいろな質問に答えて、ご教示いただいた。また、筑摩書房の河内卓さんに企画の段階から、具体的な本づくりにおいてまで、懇切な支援を受けた。この場を借りて、お礼を申し上げます。

二〇一七年一一月

塚田　孝

参考文献

池上彰彦（一九七三）「後期江戸下層町人の生活」西山松之助編『江戸町人の研究』2、吉川弘文館

乾宏巳（一九七七）『なにわ大坂菊屋町』柳原出版

上畑浩司（一九九九）「近世初期の三津寺町」『大阪の歴史』53

内田九州男（一九八九）「豊臣政権の大坂建設」佐久間貴士編『よみがえる中世二　本願寺から天下一へ大坂』平凡社

岡本浩（一九九六）「近世大坂における職と町」『部落問題研究』137

加藤康昭（一九七四）『日本盲人社会史研究』未来社

木上由梨佳（二〇一五）「近世大坂の芸能をめぐる社会構造――芝居地・新地芝居・宮地芝居のあり方に即して」塚田孝・八木滋編『道頓堀の社会＝空間構造と芝居』大阪市立大学・都市文化研究センター所収

栗原俊雄（二〇一一）『勲章――知られざる素顔』岩波新書

呉偉華（二〇一五）「近世都市大坂の町代について――道修町三丁目を対象として」『部落問題研究』212

菅野則子編（一九九九）『官刻孝義録』上・中・下、東京堂出版

瀬戸内寂聴（二〇一三）『炎凍る　樋口一葉の恋』岩波現代文庫

谷直樹（一九九二）『中井家大工支配の研究』思文閣出版

塚田孝（一九九二）「下層民の世界」朝尾直弘編『日本の近世7　身分と格式』中央公論社、のち同著（一九九七）『近世身分制と周縁社会』東京大学出版会所収
――（一九九六）『近世の都市社会史――大坂を中心に』青木書店
――（二〇〇〇）『身分論から歴史学を考える』校倉書房
――（二〇〇二）『歴史のなかの大坂――都市に生きた人たち』岩波書店（本書の第一・二章は、注記した以外は同書による）
――（二〇〇七）『近世大坂の非人と身分的周縁』部落問題研究所
――（二〇一三）「「孝子」褒賞にみる遊女と茶立女」佐賀朝・吉田伸之編『シリーズ遊廓社会1　三都と地方都市』吉川弘文館所収
――（二〇一五）『都市社会史の視点と構想――法・社会・文化』清文堂出版
――編（二〇〇七）『近世大坂の法と社会』清文堂出版
塚田孝・佐賀朝・八木滋編（二〇一四）『近世身分社会の比較史』清文堂出版
塚田孝・八木滋編（二〇一五）『道頓堀の社会＝空間構造と芝居』大阪市立大学・都市文化研究センター
塚田孝・吉田伸之編（二〇〇一）『近世大坂の都市空間と社会構造』山川出版社
西村和江（二〇〇一）「近世大坂三郷家請人仲間について」塚田孝・吉田伸之編『近世大坂の都市空間と社会構造』山川出版社所収
樋口一葉（二〇〇八）『樋口一葉』（ちくま日本文学13）、筑摩書房
ボツマン、ダニエル・V（二〇〇九）『血塗られた慈悲、笞打つ帝国。――江戸から明治へ、刑罰はいかに権力を変えたのか？』インターシフト
牧英正（一九七〇）「大坂元伏見坂町伏見屋善兵衛文書――大坂の茶屋および茶屋奉公人」同著『近世日

本の人身売買の系譜』創文社所収
——（一九八四）「浪速の芝居銀主の動き——元伏見坂町伏見屋善兵衛文書」『大阪の歴史』12
八木滋（二〇一四ａ）「近世前期道頓堀の開発過程——新出文書の検討から」『大阪歴史博物館研究紀要』12所収
——（二〇一四ｂ）「一七世紀大坂道頓堀の開発と芝居地」塚田孝・佐賀朝・八木滋編『近世身分社会の比較史』清文堂出版所収
——（二〇一五）「近世前期大坂道頓堀の開発過程と芝居地」塚田孝・八木滋編『道頓堀の社会＝空間構造と芝居』大阪市立大学・都市文化研究センター所収
柳谷慶子（二〇〇七）『近世の女性相続と介護』吉川弘文館
吉田伸之（一九九二）「表店と裏店——商人の社会、民衆の世界」吉田伸之編『日本の近世9　都市の時代』中央公論社、のち同著（二〇〇〇ａ）『巨大城下町の分節構造』山川出版社所収
——（一九九五）「巨大城下町——江戸」『岩波講座日本通史15　近世5』、のち同著（二〇〇〇ａ）『巨大城下町の分節構造』山川出版社所収
——（二〇〇〇ａ）『巨大城下町の分節構造』山川出版社
——（二〇〇〇ｂ）「鞍馬寺大蔵院と大坂の願人仲間」脇田修／Ｊ・Ｌ・マクレイン編『近世の大坂』大阪大学出版会、のち吉田著『身分的周縁と社会＝文化構造』部落問題研究所所収
吉元加奈美（二〇一四）「天保改革における大坂の売女統制の検討」塚田孝・佐賀朝・八木滋編『近世身分社会の比較史』清文堂出版所収
——（二〇一五）「近世大坂における茶屋の考察——堀江地域を素材に」『部落問題研究』２１１所収
渡辺祥子（二〇〇六）『近世大坂　薬種の取引構造と社会集団』清文堂出版

ちくま新書
1294

大坂《おおさか》 民衆《みんしゅう》の近世史《きんせいし》
――老《お》いと病《やまい》・生業《なりわい》・下層社会《かそうしゃかい》

二〇一七年一二月一〇日 第一刷発行

著　　者　塚田孝（つかだ・たかし）
発 行 者　山野浩一
発 行 所　株式会社 筑摩書房
東京都台東区蔵前二-五-三　郵便番号一一一-八七五五
振替〇〇一六〇-八-四一二三
装 幀 者　間村俊一
印刷・製本　三松堂印刷 株式会社

乱丁・落丁本の場合は、左記宛にご送付ください。
送料小社負担でお取り替えいたします。
ご注文・お問い合わせも左記へお願いいたします。
〒三三一-八五〇七　さいたま市北区櫛引町二-六〇四
筑摩書房サービスセンター　電話〇四八-六五一-〇〇五三

ISBN978-4-480-07111-8 C0221